｜光明社科文库｜

旧文与新作

——唐蕃文史论集

袁书会◎著

光明日报出版社

图书在版编目（CIP）数据

旧文与新作：唐蕃文史论集 / 袁书会著．-- 北京：光明日报出版社，2019.4

（光明社科文库）

ISBN 978-7-5194-5272-8

Ⅰ.①旧… Ⅱ.①袁… Ⅲ.①唐诗—诗歌研究②吐蕃—民族文化—研究—中国 Ⅳ.①I207.227.42②K289

中国版本图书馆 CIP 数据核字（2019）第 081558 号

旧文与新作——唐蕃文史论集

JIUWEN YU XINZUO——TANGBO WENSHI LUNJI

著　　者：袁书会

责任编辑：曹美娜　黄　莺　　　　责任校对：赵鸣鸣

封面设计：中联学林　　　　　　　责任印制：曹　诤

出版发行：光明日报出版社

地　　址：北京市西城区永安路 106 号，100050

电　　话：010-63131930（邮购）

传　　真：010-67078227，67078255

网　　址：http：//book.gmw.cn

E - mail：caomeina@gmw.cn

法律顾问：北京德恒律师事务所龚柳方律师

印　　刷：三河市华东印刷有限公司

装　　订：三河市华东印刷有限公司

本书如有破损、缺页、装订错误，请与本社联系调换，电话：010-67019571

开　　本：170mm×240mm

字　　数：137 千字　　　　　　　印　　张：12

版　　次：2019 年 9 月第 1 版　　印　　次：2019 年 9 月第 1 次印刷

书　　号：ISBN 978-7-5194-5272-8

定　　价：78.00 元

序

袁书会教授的大作——《旧文与新作——唐蕃文史论集》就要出版了，他一再请我给他做个序。我是他的硕士导师，于情于理都该说几句。

书会是我的一个老学生。从上本科起，他就是一个好学深思的学生，课后经常找老师讨论问题，这在20世纪80年代是很正常的事情。他们那一批学生还是国家分配工作，因此，很多同学本科一毕业就纷纷上班了，那时候考研的学生很少。而他还是选择了考研，也顺利地继续在陕西师范大学中文系攻读硕士研究生，不过他最初学习的是元明清文学。从最初阅读臧懋循的《元曲选》开始，他就认真地撰写读书笔记。我也清楚地记得他从最初的稚拙地撰写开始，我花了很多时间为他批改读书报告，到后面细读《三国演义》《水浒传》以及《红楼梦》等，他读一篇写一篇读书笔记。那时候个人也没有电脑，文章撰写全凭手写，可以说他的工整的读书报告无不浸透着勤奋与辛苦，这也为他的专业学习打下了扎实的基础。后来他的硕士论文——《从〈三国演义〉版本看"罗本""毛本"的艺术演进》获得了答辩专家的一致好评，认为是从版本细读出发，对《三国演义》做的一次非常扎实的研究，无疑也是对他的学习的肯定。

毕业后，他到西藏民族学院工作，在工作之余，他1998年又出人意料地考取了复旦大学中文系博士。导师是原复旦大学中文系主任陈允吉教授。陈教授是国内佛教与中国文学研究界的泰斗，书会后来跟我说，他在上海那三年，确实吃了很多苦。专业上又转到六朝到唐宋，而且又要学习佛教知识，但是他还是咬牙坚持了下来。后来他的博士论文——《佛教与中国早期白话小说研究》也寄给我评阅，我欣喜地看到他在学业上的成熟：不仅所研究的内容有了进一步深化，而且语言与文风也更加儒雅了。他后来又将这一课题做了进一步深化，申报了2002年教育部优秀青年资助计划项目，也顺利地得到了批准。这在当时是一件很有影响力的事情，当时全国中文类社科基金项目也只有五项，他能获得理想真的在当时学界引起了震动！

书会一直是一个好学深思的人，他后来的研究始终着力于中国古代文学与宗教的研究。他的学术视野非常广泛，在这部大作中也可以看出，他不仅注重对传统的王维、李白、杜甫等唐代大家的精读和研究，而且还将思考的视角扩大到对这一时间段的文化与思想的思考上。最难能可贵的是，他的研究向来都是扎实立论，谨慎求证，从不向壁凿空，不做理论上的泛泛而谈。例如他对唐代文化的兼容并包的特点的论述中，他从一般人很难注意的一个僧人的墓志铭入手，以《唐故卧龙寺黄叶和尚墓志铭》为中心，考证出该墓志文为一篇初唐伪墓志文。一般学人做到这里就不再做了，而他又利用自己对于唐代宗教的熟悉，经过对初唐道教和佛教的发展的仔细分析，认为这篇伪墓志文背后却透露出的是唐代文学、书法和宗教和谐统一的文化事实。经过他鞭辟入里、庖丁解牛式地分析，让我们对唐代文化有了更深刻地认识。还有他对隋唐两京驿道绿化问题的研究，以及对王维诗歌的精读、高适籍里的考证、李白佛教诗的分析等等，问题虽然个个不同，但书会教授都能够审慎分析、仔细作答。而他之所以能够驾轻就熟地对这些问题做出可靠的分析，都离不开他多年来对唐代文史的研读和深思。他在民院工作不经意间也有二十多年了，他在研究唐代文史的同时，把他的学术视野也投射到了当时的吐蕃时期，他在本著作中的对于敦煌吐蕃写本的研究以及禄东赞故事的宗教文化分析、吐蕃伦理文化与儒家文化的比较，都是他综合文史、深思熟虑的学术结晶，值得仔细品读！

书会教授的大作所选的篇目，有早期的，也有近期的，都是他长期以来对这些问题研究思考的精华。在今天这个浮躁的时代，他能够坚守学术，认真读书思考，实事求是做研究，非常难能可贵。我也祝愿他能在学术上百尺竿头更进一步，取得更大的成绩！

王志武

2019 年 8 月于师大

目　录
CONTENTS

唐代文化的兼容并包略谈

——以《唐故卧龙寺黄叶和尚墓志铭》为中心

内容摘要：《唐故卧龙寺黄叶和尚墓志铭》是一篇初唐伪墓志文，本文作者经过对墓志文的制作者许敬宗和书写者欧阳询的职官考证，认为这篇文章应作于贞观十七年至十九年间。同时，经过对初唐道教和佛教的发展的分析，认为这篇伪墓志文背后透露出的却是唐代文学、书法和宗教和谐统一的文化事实。

关键词：墓志文　艺术　宗教

唐代文化繁荣的原因是后世长期追寻的一个话题，而唐文化的兼容并包是其文化发展繁荣的一个重要特征。其兼容并包，不仅仅表现在对待诸多文化，诸如接纳摩尼教、景教等外来宗教，京城流行羌笛、琵琶、胡旋舞等来自西域的音乐舞蹈等。同时，中国传统的宗教艺术等，也和谐地存在于当时，也是唐代文化繁荣的一个重要内容。近期，阅读周绍良先生主编的《唐代墓志汇编》，今对其中一篇《唐故卧龙寺黄叶和尚墓志铭》略做解读，并求教于方家。

《唐故卧龙寺黄叶和尚墓志铭》守黄门侍郎许敬宗制　弘文馆学士欧阳询书，原文今迻录如下：

和尚自说姓张名真志，其生缘桑梓，莫能知之。隋故特进蜀人段经、兴善寺僧释永蒨并见和尚于太清初出入中条，往来都邑。年可五六十岁，未知其异也。隋氏末年，稍显灵迹，被发徒跣，负杖挟镜，或征索酒肴，或十余日不食，预言未兆，题识他心，一时之中，分形数处。属我皇应运，率土崩裂，和尚竟著先知，驻锡黄龙寺。迨于定鼎，果获奇验矣。武德二年五月廿有九日，即化于卧龙寺之禅堂。先是移寺之金刚像出置户外，语僧众曰："菩萨当去尔。"越旬日，无疾而逝。沉舟之痛，有切皇心，殡葬资须，事丰□厚。迺以武德三年秋九月四日葬于万年县凤□原。望方坟而揜涕，瞻白幕而惊心，爰诏有司，式刊景行。其铭曰：

□化毘城，金粟降灵，猗欤大士，权迹帝京。绪胄莫明，邑居孰见？譬彼涌出，犹如空现。五尘夙离，三条九依，戒珠靡缺，忍铠无违。智灯含焰，慧驾驰騑，哀兹景像，悲斯风电。将导舟梁，贻我方便，行烦心寂，□□□□。观往测来，睹微知显，石□亡儒，皇开□贤。反初息假，薪绝火燃，神明何计，暗石空传。①

周绍良先生直接将这片墓志归为伪文，原因周先生并未明言。今谨从史传求索之。墓志撰写者许敬宗，新旧《唐书》有传。《旧唐书》卷八十二《列传》第三十二《许敬宗传》载：许敬宗，杭州新城人，隋

① 周绍良，赵超．唐代墓志汇编［M］．上海：上海古籍出版社，1992：1－2.

礼部侍郎善心子也。其先自高阳南渡，世仕江左。敬宗幼善属文，举秀才，授淮阳郡司法书佐，俄直谒者台，奏通事舍人事。江都之难，善心为宇文化及所害。敬宗流转，投于李密，密以为元帅府记室，与魏徵同为管记。武德初，赤牒拟涟州别驾。太宗闻其名，召补秦府学士。贞观八年，累除著作郎，兼修国史，迁中书舍人。十年，文德皇后崩，百官缞绖。率更令欧阳询状貌丑异，众或指之，敬宗见而大笑，为御史所劾，左授洪州都督府司马。累迁给事中，兼修国史。十七年，以修《武德》、《贞观实录》成，封高阳县男，赐物八百段，权检校黄门侍郎……①

今从《旧唐书》本传可知，许敬宗（592—672 年）乃唐高祖、太宗、高宗时著名文士、大臣，为黄门侍郎时在贞观十七年。而此祭文中称墓主黄叶和尚于武德二年五月廿有九日去世，武德三年秋九月四日葬于万年县凤（栖）原。按照一般唐人风俗，一般人死后家人或亲朋请当时名人撰写墓志文，请人刻石为墓志铭，然后藏之于墓中。从志文可知，黄叶和尚的墓志文最晚应该是武德三年九月四日前书写并镌刻。而志文伪托为初唐以文学名世的许敬宗所撰写，无疑是为了提高墓志的地位，但是从史书记载我们可以得知，许敬宗在武德三年时地位尚低，为黄门侍郎时则要到太宗贞观十七年。因此，周绍良先生直接将这片墓志归为伪文。确实，从许敬宗任职时间上，我们就可以看出这是后人为了抬高这位僧人的声誉而伪造的一篇当时名人所做的伪墓志文。而且这篇伪墓志文伪造的墓志文的书写者为“弘文馆学士欧阳询”。

① （后晋）刘昫等．旧唐书［M］．北京：中华书局，1975：2761.

考之于《旧唐书》一百八十九《列传》第一百三十九上《欧阳询传》载：

欧阳询，潭州临湘人，陈大司空頠之孙也。父纥，陈广州刺史，以谋反诛。询当从坐，仅而获免。陈尚书令江总与纥有旧，收养之，教以书计。虽貌甚寝陋，而聪悟绝伦，读书即数行俱下，博览经史，尤精《三史》。仕隋为太常博士。高祖微时，引为宾客。及即位，累迁给事中。询初学王羲之书，后更渐变其体，笔力险劲，为一时之绝。人得其尺牍文字，咸以为楷范焉。高丽甚重其书，尝遣使求之。高祖叹曰："不意询之书名，远播夷狄，彼观其迹，固谓其形魁梧耶！"……贞观初，官至太子率更令、弘文馆学士，封渤海县男。年八十余卒。①

从史传所载可知，欧阳询乃有唐一代书法大家，和本文前面所论述的一样，欧阳询本人在武德年间，官职甚微，至太宗贞观初年，始任太子率更令、弘文馆学士。金涛声先生将欧阳询生卒年考证为公元557—641年，即卒于贞观十五年。② 和前面所论述的一样，在本墓主黄叶和尚去世的时候，不论是墓志文的文本制作者文学大名士许敬宗还是墓志的书写者书法大名人欧阳询，二人的官职都尚未做到墓志文所"伪造"的职官。因此，这篇墓志文是后人所伪造的一篇墓志文，周绍良先生将此篇文章归为伪文是没问题的。

《旧唐书》卷八十《列传》第三十《褚遂良传》载：褚遂良，散骑常侍亮之子也。大业末，随父在陇右，薛举僭号，署为通事舍人。举败归国，授秦州都督府铠曹参军。贞观十年，自秘书郎迁起居郎。遂良博

---

① （后晋）刘昫等. 旧唐书［M］. 北京：中华书局，1975：4974.

② 周祖譔. 中国文学家大辞典·唐五代卷［M］. 中华书局，1992：297.

涉文史，尤工隶书，父友欧阳询甚重之。太宗尝谓侍中魏徵曰："虞世南死后，无人可以论书。"徵曰："褚遂良下笔遒劲，甚得王逸少体。"太宗即日召令侍书。太宗尝出御府金帛购求王羲之书迹，天下争赍古书诣阙以献，当时莫能辨其真伪，遂良备论所出，一无舛误。①

从《旧唐书》欧阳询本传及褚遂良传可以看出，在初唐时期，不论是唐高祖还是唐太宗，都对六朝时期的王羲之书法非常推崇，也直接造成了王羲之书法热。而欧阳询本人，虽貌丑，但是书法"询初学王羲之书，后更渐变其体，笔力险劲，为一时之绝。"欧阳询与虞世南、褚遂良及薛稷因对王羲之书法的精熟而为初唐书法代表人物，也创造了我国书法史上的一段佳话，也可以说，他们是当时书法界的领袖人物。

而许敬宗，在新旧《唐书》中，特别是《新唐书》中，虽对其为人评价甚低（《新唐书》径直将其归入《奸臣传》），但对其文学才能都给予了较高的评价。的确，许敬宗作为初唐文学的代表，撰著颇丰，自贞观后，许敬宗监修国史，先后参与或主持《晋书》《高祖实录》《姓氏录》《永徽五礼》《西域国志》《文馆词林》《文思博要》《瑶山玉采》《方林要览》《东殿新书》《本草图经》等书之编撰，厥功非细……敬宗"文学宏奥"（《旧唐书》本传后论），《旧唐书》本传和《新唐书·艺文志》载有《许敬宗文集》八十卷（《旧唐书·经籍志》作六十卷，疑误），与其所修书皆佚。《全唐诗》卷三五录存其诗二八首，卷八八二补二首。《全唐诗补编·续补编》卷一补一首，《续拾》卷三补一八首又一首，多为奉和应制之作。《全唐文》卷一五一、一五二录

① （后晋）刘昫等．旧唐书［M］．北京：中华书局，1975：2729.

存其文二卷。《唐文拾遗》卷一六补一篇，《唐文续拾》卷一又补二篇。①

许敬宗历仕唐高祖、太宗、高宗三朝，在（太宗贞观）十七年，以修《武德》《贞观实录》成，封高阳县男，赐物八百段，权检校黄门侍郎。高宗在春宫，迁太子右庶子。十九年，太宗亲伐高丽，皇太子定州监国，敬宗与高士廉等共知机要。中书令岑文本卒于行所，令敬宗以本官检校中书侍郎……二十一年，加银青光禄大夫……（高宗）显庆元年，加太子宾客，寻册拜侍中，监修国史。三年，进封郡公……龙朔二年，从新令改为右相，加光禄大夫。三年，册拜太子少师、同东西台三品，并依旧监修国史。乾封初，以敬宗年老，不能行步，特令与司空李勣，每朝日各乘小马入禁门至内省。②

许敬宗在高祖、太宗、高宗三朝，特别是至高宗朝，声望甚隆。而本墓志文署其官职为守黄门侍郎，如前文所考，许敬宗任此职乃在贞观十七年至贞观十九年。因为贞观十九年，许敬宗已经从“迁为太子右庶子”到“以本官检校中书侍郎”了。而中书侍郎“正第三品：侍中、中书令、吏部尚书、（旧班在左相上，《开元令》移在下）门下侍郎、中书侍郎、旧班正四品上，大历二年升。”③ 因此，从前面我们对欧阳询的履历可知，他于贞观十五年即已去世，而许敬宗在我们大致可以判断这篇伪造的墓志文的时间实在贞观十七年到贞观十九年间，许敬宗为弘文馆学士时期。结合墓志文中所说的墓志人黄叶和尚武德二年（619

① 周祖譔．中国文学家大辞典·唐五代卷［M］．北京：中华书局，1992：228.

② （后晋）刘昫等．旧唐书［M］．北京：中华书局，1975：2761－2673.

③ （后晋）刘昫等．旧唐书［M］．北京：中华书局，1975：1791.

年）五月廿有九日去世，武德三年（620年）秋九月四日葬于万年县凤（栖）原，而结合前文作者所考证的墓志文的书写者欧阳询和墓志文的制作者许敬宗的任职履历，我们认为：这篇文章应该是在黄叶和尚去世后，后人于贞观十七年至贞观十九年“制作”而成的，是一篇后人精心伪造的墓志文。如果根据周绍良、赵超先生在《唐代墓志汇编》之“编辑说明”二——“本书依照志主落葬日期先后为序进行排列”①，那么这篇伪墓志文的排列放在贞观十七年为妥。②

经历了隋末的动荡，初唐之高祖、太宗皇帝励精图治，特别是太宗皇帝在魏征、房玄龄、杜如晦等大臣的辅佐下，创造了中国历史上有名的贞观之治。在历经了杨隋王朝短暂的整合南北文化所缔造的融合的大一统文化后，大唐文化的发展终于在初唐渐渐走上了正轨。不论是王朝所推崇的儒家文化，还是唐王朝代表人李氏所标榜的道家先祖文化，都在新的王朝里获得了新的发展的契机。在有唐近三百年时间里，道教始

① 周绍良，赵超．唐代墓志汇编·编辑说明［Z］．上海：上海古籍出版社，1992：2.

② 有学人以为这篇墓志铭乃后来贞观十七至十九年时后人为黄叶和尚迁葬或者重修坟茔时所为，这些都是可能的。但这篇墓志铭仍存疑问，其一，若这篇墓志铭为许敬宗所制，但今《许敬宗集》及《全唐文》不存这篇文章，后世的《金石录》《宝刻丛编》亦不载；其二，若这篇墓志铭真为许敬宗和欧阳询所制所书，无疑是一件盛事，而能让此二位亲自去做，只能是当时的皇帝，但在新旧《唐书》许敬宗传及欧阳询传中均无言及；其三，对照今存许敬宗其他墓志铭，如《文苑英华》卷九百十一许敬宗所做的《唐并州都督鄂国公尉迟恭碑》，无论从语言的华美整饬，还是文体的骈散结合，都是我们这篇《唐故卧龙寺黄叶和尚墓志铭》不能比的。因此，笔者仍以为这篇墓志文是后人伪造的。不过，历史上确实有过二人共同教授生员的经历，《唐会要》卷六十四载有：贞观元年（627年）敕：“现在京官文武职事五品以上子，有性爱学书及有书性者，听于弘文馆内学书。其书法内出。”其年，有二十四人入馆，敕虞世南、欧阳询教示楷法。黄门侍郎王珪奏：“弘文馆学书之暇，请置博士，并肄业焉。”敕太学助教侯孝遵授其经典，著作郎许敬宗授以《史》《汉》。的确二人曾有共同教育生徒的经历，但二人在贞观元年的仕历也是非常清楚的，职位尚微。

终受到王朝政权的扶植和崇奉。道教宫观遍布全国，道教信徒众多，道教理论、道教科仪、修戒等都等到了全面的发展，可以说唐代道教是我国古代道教发展的一个辉煌时期。而道教之所以在唐代得到如此大的发展，这与唐王朝对道教的相互利用是分不开的。

在初唐时期，唐代统治者利用道教来制造皇权神授的舆论，崇奉老子，借老子以抬高唐王室的地位，以适应当时政治斗争的需要。隋朝末年，社会上即流传着“杨氏将灭，李氏将兴”，“天道将改，将有老君子治世”等政治谶语，在当时影响很大。隋末起义领袖李密、李轨等均曾利用它而称帝，唐高祖李渊也因姓李而遭到隋炀帝的猜疑。大业十三年（617 年）李渊于晋阳起兵，也正是利用了“李氏将兴”这类政治谶语，在李渊起兵之前，一些有识的道教徒即积极地向其表示支持。在道教徒的著作《混元圣纪》卷 8 载：大业七年（611 年）楼观道士歧晖（后改名歧平定）就对弟子说：“天道将改，吾犹及之，不过数岁矣。或问曰：‘不知来者若何？’曰：‘当有老君子孙治世，此后吾教大兴，但恐微躯不能久保耳。’”歧晖是否在大业七年说过这些话语，是否在唐高祖起兵前即有这么大胆的预言，这些现在都不可考。但这些出自道教徒的著作至少向人们表明在隋末大动乱中，道教徒也在积极地寻求新的政治依靠。同书还记载，李渊晋阳起兵不久，歧晖即积极响应，称李渊为“真君”“真主”，在人力、物力上支持唐军。“唐高祖初起兵于晋阳，帝女平阳公主，柴绍妻也，亦起兵应帝，屯于宜寿宫，晖逆知真主将出，尽以观中资粮给其军，及帝至蒲津关，晖喜曰：‘此真君来也，定四方矣。’乃改名为‘平定’以应之，仍发道士八十余人向关应接。”

其实，不仅歧晖一人如此积极地向唐高祖输诚。隋末著名道士王远知（528—635 年）亦是如此。《旧唐书》卷 192《王远知传》载：“高祖之龙潜也，远知尝密传符命。”① 对此事叙述得含含糊糊。在道教著作《混元圣纪》卷 8 即颇为详细地记载了与此相关事情：“初，高祖诏玉清观道士王远知授朝散大夫，赐金缕冠，紫丝霞帔，以远知尝奉老君旨，预告受命之符也。”从这两个记载中不难看出当时事件的原貌：王远知虽身为道士，但却洞察政治变化②，在李渊起兵之前，自称奉老君旨意，利用当时民间谶语，称李渊将受天命，从而赢得了政治领袖的支持。

唐王朝不仅仅在其军事斗争初期中利用道教为自己制造舆论，建国以后，统治集团更是有计划地利用道教为自己编造政治神化。武德元年（618 年）正月，刘武周派遣宋金刚领兵攻打晋阳，与李世民所率唐军相持于绛州，李世民为了鼓舞军心、神化唐王朝，便编造了一个老子显圣的神化。道教著作《混元圣纪》卷 8 记载了这件事情：绛州人吉善行于羊角山见一须发皓白、骑白马的老者，“老人谓善行曰：‘与我语大唐天子李某，今得圣治，社稷延长，宜于长安城东置安化宫而设道像，则天下太平。’言讫腾空而去。”此后吉善行又声称两次在该地见到老人，老人谓善行曰：“‘吾前语汝记得否？答曰：‘并记得。’老人曰：‘汝即入奏天子，道我所言。’老人又曰：‘我是无上神仙，姓李字伯阳，号老君，即帝祖也。亳州谷阳县有枯桧再生，可以为验，今年平

① （后晋）刘昫等撰．旧唐书［M］．北京：中华书局，1975：5125.

② 《旧唐书·王远知传》载其曾历经“陈主”、“隋炀帝”，颇有政治洞察力。在隋唐更迭之际，他极力投合李唐政权。见（后晋）刘昫等．旧唐书［M］．北京：中华书局，1975：5125－5126.

贼后，天下太平，享国延永。'" 吉善行将此事报告给晋州总管府长史贺若孝义，贺若孝义把吉善行引见给李世民，李世民命其人奏唐高祖，高祖大喜，授吉善行朝散大夫，并赐以御袍、束帛等，于羊角山建太上老君庙。从歧晖、王远知、吉善行，我们可以看出，一个在全国范围内尊"老子"、神化"老子"的运动在唐初开展得轰轰烈烈。在《中国道教史》中，这样评价这个历史现象：

唐王朝所以尊老子为"圣祖"，除了可以应"老君子孙治世"的谶言而在政治舆论上获得好处外，同时也为了抬高唐宗室的社会地位。因为当时有人认为唐宗室为少数民族，是北魏拓跋氏之后，这在当时重门第的社会中，显然是个不利的政治因素，他们需要攀附一个汉族的名门望族，以抬高唐宗室的社会地位。故利用老子降显的神化，标榜唐宗室为神仙老子后裔……唐初尊崇老子，神化老子，完全是出于政治上的需要。①

从道教史可以看出，唐宗室与道教徒之间互相利用，道教徒借统治者来提高其地位，也是其中一个重要原因。而在当时情景下，佛教徒不可能无动于衷。因此，我们从本墓志文也可看出：黄叶和尚其实是隋唐易代之际一个非常普通的佛教徒，"其生缘桑梓，莫能知之。隋故特进蜀人段经、兴善寺僧释永蒨并见和尚于太清初出入中条，往来都邑。年可五六十岁，未知其异也。"是一位不知名的僧人。在《续高僧传》中并无记载。而这样一位僧人，"属我皇应运，率土崩裂，和尚竟著先知，驻锡黄龙寺。迨于定鼎，果获奇验矣。"竟能未卜先知，预言唐王

---

① 任继愈．中国道教史［M］．上海：上海人民出版社，1990：269.

朝将取代杨隋王朝，不能不说是这位僧人的神异之处。道教徒能编造隋唐时期的政治神话，佛教徒又岂能不明白其中玄机？因此，这样一位普通僧人，如果依据《高僧传》对“高僧”的界定，无疑是无法归入其类的。但这位僧人却能在李唐定鼎之前，预言李氏的成功，因此就显得这位僧人不简单了。因此才有了他的墓志文的制作者竟然是当时显贵的大文人许敬宗，书写者也是当时书法界的高手欧阳询。僧人的门徒伪造了当时文学界和书法界的两位大师级人物为其师制作墓志，也可以看出造伪者的一片良苦用心。而这篇伪墓志文背后透露出的是这样丰富的内涵：文学、书法和佛教是这样和谐地为这位普通的黄叶和尚延续了声望，三种艺术和谐地共存在这样一个碑志上，也再次彰显了唐文化和谐共存的事实。

稍微遗憾的是，如果我们能看到周绍良先生的原拓本，能亲眼目睹伪欧阳询书法的碑刻原石，摩挲伪许敬宗的志文，该是怎样的一种幸运啊！

论隋唐时期两京驿道的绿化问题

隋唐时期，两京驿道的绿化卓有成效，屡见于唐人诗文，并引起后人的注意，顾炎武就不止一次地赞美唐时驿舍之宏敞、官树之茂密，慨叹时世愈近，制度愈陋。① 新时期以来，史学界虽屡有关于唐代植树造林的论文问世，但关注的重点一直是长安、洛阳等都市的绿化，相对忽略了驿道绿化尤其是联结两京之驿道的绿化，目前海内外在这方面的成果积累尚少，仅严耕望先生《唐代交通图考》第一卷《两京馆驿》和翁俊雄《唐代植树造林述略》（见《北京师范学院学报》1984 年第 3 期）涉及了这一问题，故本文拟对两京驿道的绿化背景、过程、状况、树木保护措施等等做初步探讨。

---

① 顾炎武在《日知录》卷十二《馆舍条》云：读孙樵《书褒城驿壁》，乃知其有沼、有鱼、有舟。读杜子美《秦州杂诗》，又知其驿之有池、有林，有竹。今之驿舍殆于隶人之垣矣。予见天下州之为唐旧治者，其城郭必皆宽广，街道必皆正直；廨舍之为唐旧创者，其基址必皆宏敞。宋以下所置，时弥近者制弥陋。此又樵记所谓“州县皆驿”，而人情之苟且十百于前代矣。今见黄汝成 集释．日知录集释［M］．上海：上海古籍出版社，2014：281.

一、隋唐两京驿道绿化的背景与过程

所谓绿化本是一个现代概念，原指栽种树木、花草、草皮等绿色植物，以改善自然环境与人类生活条件的措施。隋唐社会发展程度低，自然环境处于原始状态，本不存在绿化问题，驿道绿化更提不到议事日程上来。但对于两京驿道来说，情况就不一样了，该道处在京畿重地，是唐王朝中、东部地区通向京城众多道路的总汇，自关中辐射出去的道路，可达两河、山东、江淮、荆湘、岭表，驿道上商旅不绝，骡马成群。每值秋赋之期或铨选之日，举子与选人便风趋洛邑，雾委咸京①；时局紧张之际，更是驿骑星驰，《东阳夜怪录》载一客诗云："长安城东洛阳道，车轮不息尘浩浩。争利贪前竞著鞭，相逢尽是尘中老。"就形象描写了这里交通的繁忙。唐代后期，京城与东部地区的联系更加紧密，两京驿道上的这种繁忙局面有增无减，故贞元二年此道即被确定为"大陆驿"，即全国第一驿道。但当时这些道路都是泥沙路，天旱则黄土满天，下雨则泥泞不堪，种植驿树则可以起到稳固路基、吸附尘埃、荫蔽行人等诸多益，因此，隋唐立国之初，在修治驿路的同时，也开始了驿道的绿化。

两京驿道自西向东，沿途经过京兆府、华、陕、虢、洛诸州府，全长八百五十里左右。它的绿化，大致经过了三个阶段：

第一阶段，隋开皇、大业时，是为创始期。此时，以东西两京为中心城市的政治格局开始确立，这是这条驿道被绿化的社会政治背景。隋

① 王定保．唐摭言［M］．北京：中华书局，1959：151.

室定鼎关中，但从全国地理位置看，由于地处西北，为了经营山东，统治江南，必须加强与东部地区的联系，为此就设法大力发展交通，通往东部平原区的周隋旧路最先受到重视，它的修治被认为是一件具有战略意义的大事。开皇九年，晋王杨广自扬州回京，就开始复修湖城至灵宝间的驿路。① 大业元年，炀帝营建东京，“废二都道，开葼栅道”。② 之后他频幸东南，为备行幸，大兴土木，一边筑行宫，修驿馆，一边开始了驿道绿化，调集夫役，自西京至东都，广置离宫别馆，又开辟驰道，“皆广数百步，种树以饰其旁。”③ 规模之大，古无其比。

第二阶段，唐高宗、武后时期，为高峰期。隋亡，炀帝未竟的事业只能留待唐人完成，其绿化成果也为李唐所全盘继承。唐初百废待兴，无暇顾及驿道修治与绿化，太宗朝洛阳尚称为洛阳宫，地位仍低，两京道路建设尚未提到议事日程上来。自高宗朝开始，形势就开始发生变化。高宗、武则天性喜畋游，视两京为皇室之东西两宫，车驾往返颇多。上元二年，高宗将还西京，谓司农少卿韦机曰“两京，朕东西二宅，来去不恒，卿宜善思修建。”④ 既时常巡幸，沿途必多置行宫，严耕望《唐代交通图考》第一卷《长安洛阳驿道》共考出两京道上行宫二十一座，除少数几座是前代旧宫外，大部分系显庆、咸亨、仪凤、长安中新置，其中，显庆至长安间这几近五十年是行宫与道路建设的高峰期。调露元年九月，高宗幸并州，并州长史李冲玄为避开妒女寺，数万

① （北宋）乐史．太平寰宇记：卷五．上海：上海古籍出版社，1988：3.
② （北宋）司马光．资治通鉴：大业元年［M］．北京：中华书局，1956：5617.
③ （唐）吴兢．贞观政要：卷一［M］．湖南：岳麓书社，1991：333.
④ （宋）李昉．太平御览：卷一五六［M］．北京：中华书局，1960：760.

人别开御道①。永淳间，大规模修治御路，人手不够，岐州等地甚至连妇女都被拉去修路，而且成了“夫役之常”。② 显庆二年初，高宗将幸洛阳，敕每事俭约，道路不许修理。凡此皆证明每值巡幸，必修治御路，种植驿树。诗人王建还将这段历史写成《行宫词》：“上阳宫到蓬莱殿，行宫岩岩遥相见。向前天子行幸多，马蹄车辙山川遍。当时州县每年修，皆留内人看玉案。”其《九仙公主旧庄》亦谓当时是“天使来栽宫里树”，为保证如期完成任务，派遣中使监督植树，可见高宗对此事之重视。

第三阶段是玄宗开元中。玄宗好大喜功，屡有巡幸、封禅之举，规模之盛大，甚至超过了唐高宗。他也像高宗那样视长安、洛阳为东西两宫，重视行宫的修治与御路的修筑，开元二十六年，仍诏于两京路行宫，各造殿宇及屋千间。③ 开元十三年，玄宗自洛阳出发东封泰山，河南府发动很多人马平御路。④ 与行宫修建、御路修筑配套的就是两京间这条最重要的御路的绿化。可以说，此项工作是在初盛唐的历次行宫兴建与御路修筑中不断完善的。唐后期，国家处境艰难，无暇顾及御路的修筑，诸帝也不再东幸。故自天宝起至唐亡，就只是维持初盛唐规模，而且愈到后来，驿树死损愈多，可甚至连及时填补都做不到，想要维持前代旧规，又从何谈起。

---

① （唐）封演．封氏闻见记：卷九［M］．北京：中华书局，2005：81.
② （北宋）王溥．唐会要：卷六二［M］．北京：中华书局，1955：1077.
③ （北宋）王溥．唐会要：卷三［M］．北京：中华书局，1955：561.
④ （唐）刘餗．隋唐嘉话：卷下［M］．北京：中华书局，1979：50.

二、隋唐两京驿道绿化概况

两京官道自长安东出灞桥，过昭应县至华州、潼关，此为西段；东出潼关，经湖城、弘农至陕州陕县，再经硖石、永宁、福昌、寿安至洛阳，是为东段。自隋末至盛唐百余年间，在这条驿道上栽植的驿树以槐、柳为主，中间夹有前朝古树，唐太宗《入潼关》云："古木参差影，寒猿断续声"，写的就是这些古树。当然更多的是新栽的驿树，由于当时尚幼，故无人提及，经百余年生长发育，至玄宗朝，驿树始盛，见诸唐人诗章者，如张说《奉和圣制初入秦川路寒食应制》："昨从分陕山南口，驰道依依渐花柳。渭桥南渡花如扑，麦陇青青断人目。汉家行树直新丰，秦地骊山抱温谷。"对此做了生动描述，使人感受到那不凡的气象。以下按照自西向东的顺序对这条驿道上的绿化概况作一简说。

东出都门的长乐坡、灞桥驿一带，行道树以柳树为主。卢纶《与从弟瑾同下第后出关言别》其二云："杂花飞尽柳阴阴，官路逶迤绿草深。"李商隐《柳》"清明带雨临官道，晚日含风拂野桥"，都是题咏道旁的柳荫的。不过这四五十里驿路两侧，有的是人工栽植的官柳，有的是野生柳，难以分辨。自昭应到华州华岳附近，槐柳间杂，白居易《狐泉店前作》谓"野狐泉上柳花飞"，前引张说诗亦谓分陕之地的驰道上尽是"花柳"。陕州以东的官路，以崤山为界，分南北两道，北道路程稍便近，但险狭，不便行旅；南道迂曲，但宽阔，唐人一般走南道①，其间稠植树木，薛逢《座中走笔送前萧使君》："槐柳阴阴五月天。"白居易《西还寿安路西歇马》："槐阴歇鞍马，柳絮惹衣巾。"王涤《和三乡诗》："槐陌柳亭何限事，年年回首向春风。"可见南道四百里驿路上槐柳相间。

不论是在河南还是在陕西，槐树的抗旱能力明显强于柳树。因此，唐时的官槐之盛确远过于柳，它树形高大，枝叶茂盛，树形秀美，尤其是西段栽得最多，唐人诗中屡见。王昌龄《少年行二首》其一云："西陵侠少年，送客短长亭。青槐夹两路，白马如流星。"王维《送李睢阳》云："槐阴阴，到潼关。"孟浩然《初出关旅亭夜坐怀王大校书》："向夕槐烟起，葱茏池馆曛。"从这些诗可以看出，玄宗朝两京道官槐已颇具规模。玄宗又在该道上杂植桃李以供行人享用，更属创举。《旧唐书·玄宗纪下》："开元二十八年春正月，两京路及城中苑内种果树。"据《唐会要》卷八六"道路"，此次行动由监察御史郑审充使。开元二十五年五月至二十八年，郑以殿中侍御史兼馆驿使，专巡两京馆驿，故委他兼管此事，他的《奉使巡检两京路种果树事毕入秦因咏》云："九重承涣汗，千里树芳菲。陕色余阴薄，关河旧色微。发生和气动，封植众心归。春露条应弱，秋霜果定肥。影移行子盖，香扑使臣衣。入径迷驰道，分行接禁闱。"诗中写的就是自潼关至东西两京禁苑，沿途驿路皆植果树。他未说明所栽何树，而储光羲《过新丰道中》云："诏书置嘉木，众言桃李好。"自注："二十八年，有诏植果。"可以得知所植多为桃树李树之类的果树。此事直到中晚唐仍有人题咏这件

① （唐）刘餗．隋唐嘉话：卷下［M］．北京：中华书局，1979：50.

事，朱庆余《种花》："忆昔两京官道上，可怜桃李昼阴垂。不知谁作巡花使，空记玄宗遣种时。"温庭筠《敷水小桃盛开因作》："敷水小桥东，娟娟照露丛。"均表达了后人对这项惠政的赞颂之情。

天宝以后，两京道官槐树长势茂盛，贞元时"东西列植，南北成行。辉映秦中，光临关外。"（《国史补》卷上）槐树高大整齐，气势壮观，其中不少大槐树，如华州道边"有槐甚大，葱郁周回，可荫数亩。"（《太平广记》卷四0七引《闻奇录》）；虢州阌乡县盘豆馆东的官道上有一大槐，耸入云天，称为"两京道上槐王"；另一大槐称荆山槐，"枝干扶苏，近欲十围"（卷四一六引《传奇》），树势可与"槐王"匹敌。这里的古槐不仅树形高大，为来往于行道的文士熟悉，为文士所爱赏，权德舆《盘豆驿》所谓"盘豆绿云上古驿"，喻之为"绿云"，可以想见其高大茂密。元和、长庆时的诗人见到的官槐，气势更加壮观，武元衡《送唐次》有"青槐驿路长，白日离尊晚"，韩愈《送进士刘师服东归》有"泥雨城东路，夏槐作云屯"，顾非熊《秋日陕州道中作》有"树势标秦远，天形到岳低"，李贺元和间所作诗更屡称"官槐""行槐"。此时的官槐，已久历年岁，确已成为两京官道上最醒目的景观，因此，进入唐文人笔下，则成为构建诗歌意境的重要意象。白居易《赠皇甫宾客》有"轻衣稳马槐阴路，渐近东来渐少尘"，径称这条路为"槐阴路"，以官槐作为官道的代称。直到晚唐，槐树还不断出现在文人笔下，许浑《秋日赴阙题潼关驿楼》有"树色随关迥"，罗邺《入关》有"古道槐花满树开"，司马札《自渭南晚此华州》有"火云入村巷，余雨依驿树。"三诗写的都是华州道上大槐。唐末五代遭逢世乱，驿树遭到严重破坏，古槐枯死凋零，鸟啄虫害，渐失往日之盛况。吴融《题湖城县西道中槐树》："零落欹斜此路中，盛时曾识太平风。而今只有孤根在，鸟啄虫穿没乱蓬。"李涉《寄河阳从事杨潜》："昔时槐柳八百里，路旁五月清阴起。只今零落几株残，根枯半死黄河水。"李涉生活在元和、宝历间，而此时他看到的槐已渐枯死，明显未得到及时填补。五代至宋，政治中心逐渐东移，官道地位下降，官槐难免再也无法得到盛唐时的重视。《鸡肋篇》卷上载："宣和壬寅岁，自京师至关西，槐树皆无花。"所写皆前代古树，未见有新植的记载。至于南宋，道旁槐树所剩无几，郑刚中奉使雍州，作《西征道里记》，文中记载的古槐仅有一棵，在潼关西店，传说刘希夷尝藏书槐腹，可见其枯槁之状。

两京道沿途有许多行宫。兴建之初，也曾广种槐、松、柏等树，罗邺《槐花》有"行宫门外陌铜驼，两畔分栽此最多。欲到清秋近时节，争开金蕊向关河"，就是写实之笔。中唐以后，前代所植宫树皆高耸入云，皇甫曾《岭四望》有"离宫秋树独苍苍。"王建《上阳宫》有"上阳花木不曾秋，洛水穿宫处处流。"韩愈《和李司勋过连昌宫》有"夹道疏槐出老根，高甍巨桷压山原。"可见树势极盛。直至宋人笔记《南部新书》仍载："骊山华清宫毁废已久。今所存者唯缭垣耳。天宝所植松柏，遍满岩谷，望之郁然。虽屡经兵寇而不被斫伐。"它们作为历史的见证，在唐亡以后还存活了相当长时间。

三、隋唐两京驿道绿化树种的选择及其文化意义

中古时期，我国北方主要的绿化树种以槐、柳、柏等耐寒耐旱植物为主。柳树枝条柔韧、浓密、狭长，水旱皆宜，姿态可爱；柏树木质坚

硬，树形挺拔，不畏霜雪，经冬不凋；槐树树干高大，枝叶茂密，树形秀美，可造车辆、船舶、器具，三种树均既富实用价值，又具有观赏价值，故被人们选做绿化树和行道树。其中槐树性喜温和，怕湿热，在干旱半干旱的生态环境中生长特旺，适宜北方气候土壤条件。另外，它高大茂密，在荫蔽行人方面具有无与伦比的优势，王毂《暑日题道边树》："火轮迸焰烧长空，浮埃扑面愁朦朦。羸童走马喘不进，忽逢碧树含清风。清风留我移时住，满地浓阴懒前去。却叹人无及物功，不似团团道边树。"形象地写出槐的这一特性。有此优点，故我国北方地区自周秦汉魏以来就广泛种植，秦汉时期，人们就经常植"槐以荫途"，"苻坚都关中，自长安至于诸州，皆夹路树槐柳，二十里一亭，四十里一驿旅行者取给于途，工商贸贩于道。百姓歌之曰：'长安大街，夹树杨槐。下走朱轮，上有鸾栖。'"（《晋书·苻坚载记》）周废帝时，天下诸州驿路皆种槐作为路标以代土堆（见《周书》卷三一《韦孝宽传》）。人们选择槐、柳、柏作为道路绿化树种，不仅在于它实用、美观，而且是由于它们有着各自不同的文化意义。柳树枝条披拂，姿态淡雅，象征着朋友间的依依惜别，常栽种在人们分手话别的都城郊外，所以长安东郊的长乐驿、灞桥驿一带，以及洛阳、汴州东西门外以柳树最多。柏树苍翠劲直不畏严寒，象征着生命的常青不老，也象征着君子的美好节操，故常用作陵树、墓树，另外它还是寺院绿化常用树种，两京道上柏树集中在华山、岳庙一带，就与此相关。两京道上的官槐还与唐五代苦心功名的落魄文人建立了十分亲近的联系，往来于两京道上的举子与它打交道最多，每年槐花开放之际，他们就开始忙举业，因而有"槐花黄，举子忙"之说。这些文人对槐特别敏感，他们出关下第、西游京师最常见、最怕见的都是槐而不是柳。罗邺《入关》:"古道槐花满树开，入关时节一蝉催。出门唯恐不先到，当路有谁长待来。似箭年光还可惜，如蓬生计更堪哀。"郑谷《槐花》:"毵毵金蕊扑晴空，举子魂惊落照中。今日老郎犹有恨，昔年相虐十秋风。"韦庄《宿泊孟津寄三堂友人》:"解缆西征未有期，槐花又逼桂花时。鸿胪陌上归耕晚，金马门前献赋迟。只恐愁苗生两鬓，不堪离恨入双眉。分明昨夜南池梦，还把渔竿咏楚词"，都形象表达了这层意思。这些官槐一次次目睹了他们求仕过程中的西上东还，是他们成功与失败的见证人，因此，他们见到槐树时自然便会产生无穷的焦虑与隐忧，以及难以名状的苦涩滋味。

四、隋唐两京驿道绿化成效显著的原因与驿树的保护

唐代两京驿道的绿化成效显著，其原因是多方面的。

首先，驿树的栽种有着很好的制度保证。此项工作由中央制定政策，组织监督各地实施，并与交通管理体系配套。如开元二十八年在两京道种果树，便是由朝廷派出兼巡馆驿的御史郑审充使，组织沿途州牧、县令分段栽种。按照唐代馆驿制度，各地州县长官都兼管该地区的馆驿与交通，京兆、河南、太原尹兼管本府馆驿道路，诸州县令长兼管本州本县，陆贽为渭南主簿，白居易权摄昭应县，均主驿。主驿者的重要驿政之一是绿化馆驿，保护驿树，这也是仿效古法。据顾炎武考证，西周时，古人便在官道旁种树以记里至，以阴行旅，他说："子路治蒲，树木甚茂；子产相郑，桃李垂阶。"①

---

① 王文楚．古代交通地理丛考．唐代两京驿路考［M］．北京：中华书局，1996：46－81.

其次，唐两京驿道绿化，有着较好的群众基础。唐代官员大都是进士、明经出身，有较高文化修养，懂得保护树木，《太平广记》卷四九六《张造》载，贞元中度支拟取两京官道大槐为薪，另栽小树填补，华阴县尉张造便站出来坚决反对，官道大槐因此都被保护下来，张造也以善“批省牒”而闻名于唐。有这样的人在，绿化工作当然会有成效。更为重要的是，唐代地方官在任大都喜爱种植，修桥植树已成为其政绩的重要标志，那时，官不分大小，人不论文武，主动植树的多。杜牧在湖州闲居，就在馆驿中种梅、竹、山石榴等。① 柳宗元刺柳州，官闲无事，遂于城内大街“树以名木”。② 襄阳节使府中的，“赵从事”在清水驿种植上丛竹。③ 严绶镇守山南，创置褒城驿，并广种梨、竹各千株。④ 孟简刺常州，修复东山昆陵驿，“植以花木松竹等可玩”。⑤ 李渤刺江州，筑堤三千五百尺，“植之杨槐”。⑥ 其他像白居易在江州、忠州、杭州，元稹在同州、杨凭观察湖南，薛能在周至县，都曾广事种植，而且是出于强烈的爱好，视为怡情养性的手段。僧、道士主动种树木的更多，唐代的寺观环境大都幽雅宜人，这直接与他们的努力分不

---

① 《栽竹》《梅》《山石榴》见于《全唐诗》，本书所参考的版本为上海古籍出版社1986年所刊。

② （唐）韩愈．柳州罗池庙碑//马其昶．韩昌黎文集校注：卷七［M］．上海：上海古籍出版社，1984：550.

③ （唐）柳宗元．清水驿丛竹天水赵云余手种一十二茎//柳宗元诗笺释：卷三［M］．上海：上海古籍出版社，1993：4284.

④ （唐）元稹．褒城驿//全唐诗：卷四一〇［M］．上海：上海古籍出版社，1986：1009.

⑤ （唐）李绅．昆陵东山序//全唐诗：卷四八二［M］．上海：上海古籍出版社，1986：1224.

⑥ （唐）李翱．江州南湖堤铭序//全唐文：卷六三七［M］．北京：中华书局影印，1982：6427.

开。另外，平民百姓也主动种树绿化驿道，《太平广记》卷三六五《王申子》载："贞观中望苑驿西有民王申，手植榆于路旁成林。"至于士大夫的私家别墅园林，就绿化得更好了，李德裕的平泉山庄、裴度的绿野山庄、白居易的履道里宅第都是绿化得最好的。再如馆驿的绿化也甚有可称，人们不但在其中植树，还广种花草。襄阳的涢川馆有丛生的水竹，蜀路上的斜谷邮亭有海棠，褒城驿有罕见的亚枝红，褒斜道山驿中植有青桐花，杭州樟亭驿种上了樱桃，两京道上敷水驿种上了小桃，甘棠馆多竹桂，小硇馆长着野棠，这些都已见诸唐诗。

再次，唐朝制定了明确的法律以保护驿树。除了南方多虎的州郡如淮南、商州官道，规定两侧十步之内树木必须砍光以防老虎等猛兽袭击行人外①，其他的官街、官道树一律不许随便砍伐，《唐律疏议》卷二六《杂律》规定："侵犯街巷、阡陌者杖七十，随便在官道种植垦食者笞五十，且各令复故，虽种植无所妨废者不坐。"广德元年八月，针对当时"诸军及诸府皆于道路开凿营种"的情况，令"诸道诸使及州府长吏，即差官巡检，各依旧路，不得辄有耕种，并所在桥路，亦要修葺。"因为一有耕种就会损伤驿树。大历八年七月下《勾当填补诸道官路树木敕》："诸道官路不得令有耕种及斫伐树木，其有官处勾当填补。"大历二年五月，敕诸坊市，街曲所种树，其已滋茂者"不得使有斫伐，致令死损。并诸桥道，亦须勾当"②，可见唐朝政府对官树的重视，这是绿化卓有成效的又一重要保障。

---

① （北宋）王钦若．册府元龟：卷一四七［M］．北京：中华书局，1960：1778－1779.

② （北宋）王溥．唐会要：卷八六［M］．北京：中华书局，1955：1576.

略论王维的七言山水诗

山水诗是我国古代诗歌里的大宗，而王维的山水诗以其清新隽永，富于韵味，历来作为中国古代山水诗的代表。而王维创作的山水田园诗歌中，五言诗占大多数，其它七言、杂言诗歌也有一定数量。① 在这些诗歌中，如果按照王维入驻辋川划分的话，辋川之前创作的作品中，五言有 27 首，其他形式有 17 首，占总数的 39%；辋川之后，五言有 53 首，其他有 12 首，占总数的 18%；未编年的五言有 20 首，其他形式的有 5 首，占总数的 20%。

王维的山水田园诗除了五言之外，其他诗歌形式中，七言占多数，其中，七古有 8 首，七绝有 4 首，七律有 3 首。这些诗歌数量虽少，却是王维山水诗的一个重要方面，在王维山水田园诗的地位也是不容忽视的，它们和五言山水田园诗共同构成了王维这位盛唐山水田园诗人的辉煌。本文仅就其七言山水诗略做研讨，并求教于方家。

众所周知，七言诗和五言诗一样，都滥觞于西汉，和五言诗一样经

---

① 参照陈铁民校注的《王维集校注》（北京：中华书局，1997 年版）统计，王维创作的诗歌为 375 首，山水田园诗共计 134 首，而其中五言诗歌就有 100 首之多。

历了宋齐梁陈及杨隋几个历史时期，经过了由古体诗向近体诗的发展嬗变。

王维的七古之中，佳作甚众。如《积雨辋川庄作》中的“漠漠水田飞白鹭，阴阴夏木啭黄鹂”，就是名句。关于这两句七言诗，有唐人记载是李嘉祐所作“水田飞白鹭，夏木啭黄鹂”，只是王维窃取之。[①]宋朝叶梦得、周紫芝以及明代沈德潜等人都对此诗有所论说，姑不论该诗为王摩诘还是李嘉祐所做，但大家都承认此诗的灵动之处正是在于“漠漠”和“阴阴”四字。[②]而这正是五言诗和七言诗歌最直接的一种交接，恰如有论者所云，“水田飞白鹭，夏木啭黄鹂”只是写景罢了，虽然诗歌给我们描绘了夏日野外的风景，有飞翔于水田上的白鹭，还有在夏天茂密的树荫中歌唱的黄鹂，但似乎总觉得缺乏一种韵味。而王维的“漠漠水田飞白鹭，阴阴夏木啭黄鹂”则将这幅简单的画面活化了，似乎可以看到那一片空旷的水田中，一只白鹭在飞翔，也可以听到远处浓密的树荫中黄鹂在婉转地歌唱，这也正是苏轼所称赞王维诗的“诗中有画，画中有诗”的代表了。这是文字的力量，也是王维的艺术。他的一首诗歌将五言与七言的转化表现出来，正是五七言的这种仅仅两个字的转化，却成就了诗句的表达效果和艺术分量。

---

① 李肇《国史补》云：维有诗名，然好窃取人文章佳句，“行到水穷处，坐看云起时”，《英华集》中诗也。“漠漠水田飞白鹭，阴阴夏木啭黄鹂”，李嘉祐诗也。《石林诗话》云：诗下双字极难，须使五言七言之间除去五字三字外，精神兴致，全见于两言，方为工妙。唐人记“水田飞白鹭，夏木啭黄鹂”为李嘉祐诗，王摩诘窃取之，非也。此两句好处，正在添“漠漠”“阴阴”四字，此乃摩诘为嘉祐点化，以自见其妙。如李光弼将郭子仪军，一号令下，精彩数倍。不然，如嘉祐本句，但是咏景耳，人皆可到。《竹坡诗话》云：摩诘四字下得最为稳切。转引自陈铁民．王维集校注［M］．北京：中华书局，1997：445－446.

② 陈铁民．王维集校注［M］．北京：中华书局，1997：445－446.

再如，《辋川别业》："不到东山向一年，归来才及种春田。雨中草色绿堪染，水上桃花红欲燃。优娄比丘经论学，伛偻丈人乡里贤。披衣倒屣且相见，相欢语笑衡门前"中的"雨中草色绿堪染，水上桃花红欲燃"，这两句诗歌和《辋川集》中的"结实红且绿"① "山中发红萼"② 这两句五言诗歌的颜色鲜亮程度似乎是一致的，比之五言，多出的是"雨中"和"水上"这两个状语性质的修饰语，然而这两个修饰语使得这绿草和红桃更加具体到什么地方，同时更进一步与周围所描写的景致形成一个氛围，更加增添了色彩的对比，增强了艺术表达力。这也就是七言比五言多两个字的好处。

而《送方尊师归嵩山》中"瀑布杉松常带雨，夕阳彩翠忽成岚"这两句诗歌与五言诗《木兰柴》中"彩翠时分明，夕岚无处所"，似乎是有一种相同的艺术感受，都是写雨后夕阳西下，绚烂的晚霞氤氲成了朦朦雾气。而且《送方尊师归嵩山》诗中，似乎也可以将"瀑布"与"夕阳"两个字去掉，意思似乎也是一样的。但明显七言诗表达了更多的意义密度，增添了语言表达的感染力，而这是五言诗简省表达所没有的。

《戏题辋川别业》中王维对自己所居之辋川别业的一种描述："柳条拂地不须折，松树捎云从更长。藤花欲暗藏猱子，柏叶初齐养麝香。"诗歌前两句也是描写辋川的景色：柳条和松树都是自由自在自自然然地生长着，根本没有人为的修剪。柳条长得很长很长，已经坠到了

---

① 王维《茱萸沜》：结实红且绿，复如花更开。山中倘留客，置此芙蓉杯。见陈铁民．王维集校注［M］．北京：中华书局，1997：418－419.

② 王维《辛夷坞》：木末芙蓉花，山中发红萼。涧户寂无人，纷纷开且落。见陈铁民．王维集校注［M］．北京：中华书局，1997：425.

地面上。松树也长得很茂密，都可以梢拂天上的云彩。这样的景色在七言诗里得到了充分表达，不仅有写景，也有对这种景色的主观感受，这些在一句中都写了出来，而简约的五言就不一定能够达到这样的效果，或许就根本表达不了这样的感情。

《戏题盘石》是作者在入蜀途中的一首诗歌，入蜀途中他作了像《青溪》《纳凉》等五言古诗，也做了《晓行巴峡》这样的五言排律。而《戏题盘石》是一首七绝，“可怜盘石临泉水，复有垂杨拂酒杯。若道春风不解意，何因吹送落花来?”如果单从表述意思上来看，前两句“盘石临泉水，垂杨拂酒杯”就可以完全概括美景，但前面加上“可怜”与“复有”两个字，语气大变，使得盘石上更注射了人的感情，而“复有”则不仅在描绘了石边的泉水后，再写了岸边的袅袅垂杨，更加之以垂杨在春风的吹拂下不停地拂拭着酒杯，更增添了作者旅途的诗思。或许是杨树的多情，亦或许是春风将杨花不停地送到了他的酒杯间。后两句给出了答案，“若道”和“何因”构成了一种反问的语气，谁说春风不解人意的？那为何还吹送着落花来到我的酒杯间呢？这种反问的语气给了读者一个肯定的回答，同时把作者自身的愉悦感表现得淋漓尽致。这首七绝仅仅比五言多加了八个字，但整首诗歌的情感却加深了，表达得更贴切了。

对于王维的3首七律，明代胡应麟在《诗薮》中总体给予高度评价：“盛唐七言诗律称王、李。王才甚藻秀而篇法多重，‘绛帻鸡人’，不免服色之讥；‘春树万家’，亦多花木之累。”① “盛唐脍炙佳作……

① 胡应麟. 诗薮［M］. 上海：上海古籍出版社，1979：84.

又如右丞《早朝》诗：绛帻、尚衣、冕琉、衮龙、珮声，五用衣服字；《春望》诗，千门、上苑、双阙、万家、阁道，五用宫室字；《出塞》诗：'暮云空碛时驱马'，'玉靶宝弓珠勒马'，两用马字……虽其诗神骨泠然，绝出烟火，要不免于冗杂。"① 但对于王维的《奉和圣制从蓬莱向兴庆阁道中留春雨中春望之作应制》，胡应麟的评价认为王维写得比较冗杂。但沈德潜却说"应制诗应以此篇为第一。"② 笔者认为，作为一首应制诗，受题材及体裁限制，这首诗歌虽然在用词上可能有一些冗杂，但是就这首诗歌的整体意境来说，将皇家山水宫殿苑囿之美熔铸于整个篇幅之内，用赋体的叙述手法来写，展现大唐气势，无疑是合适的，当然从追求简洁的普遍诗歌艺术来说，似乎是不太符合，但题材的限制是造成这种问题的主要原因。

通过上述分析我们可以看到，王维的五七言山水诗的创作，的确达到了非常高的艺术成就，而其五言诗向来作为其山水诗的代表广泛流传，而王维作为盛唐诗人的代表，其诗艺高超，诸体兼擅，其七言诗的创作也达到了很高的水平。胡应麟在《诗薮》中对七言诗的体格有这样一个评论：高（适）岑（参）明净整齐，所乏远韵；王（维）李（白）精华秀朗，时觉小疵。学者步高岑之格调，含王李之风神，加以工部（杜甫）之雄深变幻，七言能事极矣。可谓的论！作者不仅对唐代七言诗的几个代表人物进行了精彩点评，指出了王维七言诗之精华秀朗的特点，同时也指出了其所存在的问题，对于我们深刻理解其七言诗歌颇具启发。

---

① 胡应麟．诗薮［M］．上海：上海古籍出版社，1979：92.

② 陈铁民．王维集校注［M］．北京：中华书局，2013：384.

《辋川集》中王维、裴迪诗歌艺术之比较

《辋川集》是王维在天宝年间与道友裴迪在蓝田辋川别业悠游唱和所作①，各二十首，共四十篇，在其初期是自成一帙的。② 前面有王维的序：余别业在辋川山谷，其游止有孟城坳、华子岗、文杏馆、斤竹岭、鹿柴、木兰柴、茱萸沜、宫槐陌、临湖亭、南垞、欹湖、柳浪、栾家濑、金屑泉、白石滩、北垞、竹里馆、辛夷坞、漆园、椒园等，与裴迪闲暇各赋绝句云尔。③

《辋川集》中的山水诗代表了王维诗歌创作的最高成就，同时裴迪之作也因编入王维别集中而获得了更多的关注。《辋川集》既是王维、裴迪全部作品的一部分，又可专门拿出来作为二人辋川悠游创作的代表进行研究。本文尝试将其作为一个整体来探讨二人在面对同样的一组美

---

① 王维《辋川集》的创作时间在天宝三载至十五载间，见张清华．王维年谱［M］．北京：学林出版社，1988：96.

② 清代赵殿成是王维集笺注的集大成者，在其《王右丞集笺注》卷十三曾注曰：唐书本传称（王）维尝聚其田园所谓诗，号《辋川集》者。即此二十首，是盖当时自为一帙耳。见（唐）王维撰；（清）赵殿成笺注．王右丞集笺注［M］．北京：中华书局上海编辑所，1961：241.

③ （唐）王维撰；陈铁民校注．王维集校注［M］．北京：中华书局，1997：413.

景时的创作的差异，以求教于大方。

王维奉佛，其创作中融入了佛教诸多思想，而使得作品空灵、冲淡。王士祯《带经堂诗话》卷三："唐人五言绝句，往往入禅，有得意忘言之妙，与净名默然，达摩得髓，同一关捩。观王裴《辋川集》及祖詠《终南残雪》诗，虽钝根初机，亦能顿悟。"① 王裴二人在《辋川集》中都注入了禅理、禅趣，但二人对人生及佛学修为的不同，在《辋川集》中，也展现出了不同的诗歌风格。在创作风格上两位作家既相近又略有差异，总体而论就是王诗体现的是一种冲淡禅意美，而裴诗散发的则是一种平淡自然美。

一、《辋川集》中王诗的冲淡与禅意

王维《辋川集》中的诗歌，写得平淡悠远，幽雅静谧。王维辋川诗歌通过描绘辋川的自然美，为读者构造了一个空灵、寂静的世界，传达出了诗人从容、淡定的心境，体现出了淡淡的禅意，表现出了作者的精神追求。

（一）冲淡美

王诗最大的特点就是具有冲淡美。所谓冲淡，就是冲和、淡泊。司空图在《诗品》中将冲淡单独列为一格，"素处以默，妙机其微。饮之太和，独鹤与飞。② 杨廷芝释之为："冲而弥和，淡而弥旨。"③ 孙联奎

---

① （清）王士禛撰；夏闳校点．带经堂诗话［M］．北京：人民文学出版社，1963：69.

② （唐）司空图著；郭绍虞集解．诗品集解［M］．北京：人民文学出版社，1963：5.

③ 杨廷芝．诗品浅解//郭绍虞集解．诗品集解［M］．北京：人民文学出版社，1963：5.

则曰："冲，和也；淡，淡宕也。"① 冲淡具有闲逸、静默、淡泊、深远的特点，也即我们通常所说的：闲、静、淡、远。郭绍虞先生这样描述到："如惠风然，如篁音然，无心遇之，似亦不见其幽深，但有意即之，却又愈觉其稀寂而莫可窥寻。诗家冲淡之境，可遇而不可求，于此可见。"②

在《辋川集》中王维为我们描绘了辋川的二十处自然景物，这些诗歌都体现出了冲淡之境。在作者笔下，辋川是一个安静、祥和的世界，这里没有城市的喧嚣和纷争，只有属于大自然的静谧。作者已经将大自然人格化了，于此作者也已经将自己完全融入大自然，达到一种"忘我""无我"的境界，体现出了冲淡的极致。例如："涧户寂无人，纷纷开且落。"（《辛夷坞》）"湖上一回首，青山卷白云。"（《欹湖》）"空山不见人，但闻人语响。"（《鹿柴》）作者已经将自己消融于大自然中，独自消受着、陶醉着，静默中已不自然地变为大自然的有机体，达到了一种"忘我"的境地。诗中多用"空"这个字眼，弥漫出浓郁的冲淡之意。"木末芙蓉花，山中发红萼。涧户寂无人，纷纷开且落。"（《辛夷坞》）在这里作者让读者感受到了大自然永无休止的宁静和自足。

冲淡很难描述，司空图只能用譬喻来举例说，如惠风，如乐音。③其实，冲淡更关乎作者的心境。冲淡之境需要作者心境平和安详，体悟自然。而行文缓慢舒展，也是冲淡的一个特点。"轻舸迎上客，悠悠湖

① 孙联奎．诗品臆说//郭绍虞集解．诗品集解［M］．北京：人民文学出版社，1963：5.

② （唐）司空图著，郭绍虞集解．诗品集解［M］．北京：人民文学出版社，1963：6.

③ （唐）司空图著，郭绍虞集解．诗品集解［M］．北京：人民文学出版社，1963：6.

上来。当轩对樽酒，四面芙蓉开。”（《临湖亭》）“清浅白石滩，绿蒲向堪把。家住水东西，浣纱明月下。”（《白石滩》）诗人信笔所至，信手拈来，行文平静如水，节奏缓慢舒展。正如陶渊明“采菊东南下，悠然见南山。”（《饮酒》其五）①

淡泊宁静、意境清幽也是冲淡的又一特点。司空图在《与李生论诗书》中评王维的诗“澄澹精致，格在其中”，欧阳修在《书梅圣俞稿后》中说“唐之时，(陈) 子昂、李 (白)、杜 (甫)、沈 (佺期)、宋(之问)、王维之徒，或得其淳古淡泊之声，或得其舒和高畅之节”，均认为王维的冲淡，是淳淳和之，淡淡出之。例如：“独坐幽篁里，弹琴复长啸。深林人不知，明月来相照。”（《竹里馆》）诗中塑造了一个悠然自得的主人公形象，明月相照，弹琴长啸，世事也无关于他。“檀栾映空曲，青翠漾涟漪”（《斤竹岭》）“当轩对樽酒，四面芙蓉开”（《临湖亭》）。诗境多为清幽。王维的淡泊，淡而有味。

在他的诗歌中深蕴着诗人的志向和哲理。正如清代文人徐增在《而庵诗话》中所述：“摩诘以理趣胜”。② 如：“新家孟城口，古木余衰柳。来者复为谁，空悲昔人有。”（《孟城坳》）作者购得宋之问别业，初入辋川谷，望着新家，本应是一片喜悦之情，却不禁悲从中来：这郁郁的古柳，也许就是宋之问所植。当后人如我这样再拥有这一切时，也

① 对此，《皋兰课业本原解》中云：此格陶元亮居其最。唐人如王维、储光羲、韦应物、柳宗元亦为近之，即东坡所称：“质而实绮，癯而实腴，发纤浓于简古，寄至味于淡泊”。要非情思高远，形神萧散者，不知其美也。转引自（唐）司空图著，郭绍虞集解．诗品集解［M］．北京：人民文学出版社，1963：5.

② 清代徐增《而庵诗话》云：“诗总不离乎才也。有天才，有地才，有人才。吾于天才得李太白，于地才得杜子美，于人才得王摩诘。太白以气韵胜，子美以格律胜，摩诘以理趣胜。”见世楷堂藏板。

会有我今天这样的悲哀吧。林继中先生说得好："自《古诗十九首》以来，人生飘忽一直是诗唱的一个重要主题，王维的《孟城坳》也是旧题重弹，只是他的'空悲昔人有'是用佛理化解人生飘忽的悲哀：后人亦当悲我，则我何必悲前昔之人呢？故曰'空悲'。全诗以'变'见'常'，认为'变'才是'常'，是为'达者之辞'。"①

的确，王维在"冲淡美"中处处透露着作者的人生态度，闲逸、潇洒、宁静、淡泊，在当时混乱的朝政中，他虽已饱尝权力斗争的苦头，对政局不再乐观，"自顾无长策，空知返旧林"，转而对自然山水多所关照。辋川的山山水水，寄托了作者的一片深情。思索后达观，淡而幽，淡而远，淡而清，淡而有味。这便是王诗中的"冲淡美"，在这冲淡的背后，诗文中也迷漫着佛教的烟雾，体现出了一丝丝禅机、禅意。

（二）字字入禅

明代胡应麟在《诗薮·内篇》（卷六）中认为王维"入禅宗"，《辛夷坞》《鸟鸣涧》等称为"妙诠"之作，声称"读之身世两忘，万念皆寂。"②"字字入禅"是王诗的又一大特点，有评论家认为：《辋川集》"将诗人自甘寂寞的山水情怀表露得极为透彻，在明秀的诗境中，让人感受到一片完全摆脱尘世之累的宁静心境，似乎一切情绪的波动和

---

① 林继中.《辋川集》：在诗意中栖息［J］. 古典文学知识，1999（1）：14.

② 胡应麟《诗薮》内编卷六云：太白五言绝，自是天仙口语。右丞却入禅宗，如：人闲桂花落，夜静深山空。月出惊山鸟，时鸣春涧中。木末芙蓉花，山中发红萼。涧户寂无人，纷纷开且落。读之身世两忘，万念皆寂。不谓声律之中。有此妙诠。见（明）胡应麟. 诗薮［M］. 北京：中华书局，1958：115.

思虑都被净化掉了，只有寂以通感的直觉印象，难以言说的自然之美。”①

《辋川集》中处处流露着似有若无的禅光佛影，通过描绘自然风景来隐喻禅意，意境空幽，节奏缓慢，为读者构造了一个空灵、静寂的世界，由此来衬托诗人的超然物外，同时也传达出了诗人那种闲适、空灵、从容的心境。在这组诗歌中处处流露出作者对“无常”“无我”“空寂”的深切体悟。例如：“新家孟城坳，古木馀衰柳。来者复位谁？空悲昔人有。”（《孟城坳》）在此读者可以读出诗人心中的悲痛，今昔之盛衰，未来之渺茫，来者又会是谁呢？于此，诗人内心之“悲”自然流露，这不同于晋人“后之视今，亦犹夫今之视昔”（《兰亭序》）之旷达，亦不同于唐人“前不见古人，后不见来者。念天地之悠悠，独怆然而泣下”（《登幽州台歌》）之悲壮。王维之“悲”在此是空的，他写的是生命的“无常”，这是从佛教缘起因果的角度来看的，强调生命的存在和消亡都是刹那间的。

《茱萸沜》“结实红且绿，复如花更开。山中倘留客，置此茱萸杯”一诗中也体现出了禅意，对于茱萸而言，它是没有办法预料自己的命运的，开花、结果、凋谢，这些都是不可预料的，以此来隐喻人事的变迁和人的命运之不可掌控和预料，在这里作者是用一种非常达观的心境来看自然草木的。

诗人的诗歌中常出现一些特殊的意象，也流露出了浓厚的禅意，如“飞鸟”“秋”。“飞鸟”是佛经中常用的一个譬喻，象征着寂灭、无迹。

---

① 罗宗强，陈洪主编，张毅撰．中国古代文学发展史：中［M］．天津：南开大学出版社，2003：33.

《大般涅槃经》："如鸟飞空，迹不可寻。"① 《华严经》："了知诸法寂灭，如鸟飞空，无有迹。"② 诗人将佛教中常用的意象融入诗歌创作，营造了一种空灵寂静的美感。如：《华子冈》中"飞鸟去不穷，连山复秋色。上下华子岗，惆怅情何极。"在这寥阔无尽的秋色中，飞鸟也越来越远。《木兰柴》中"秋山敛余照，飞鸟逐前侣。彩翠时分明，夕岚无处所。"在落日的余晖中，飞鸟时隐时现，变幻莫测。诗人笔下的"飞鸟"会使读者联想到世界万物的"虚空""寂灭"，表达出事物都是刹那生灭和无我无常的禅意。再如《鹿柴》："空山不见人，但闻人语响。返景入深林，复照青苔上。"在空旷无人的大山中，人声渺茫恍惚，通过写青苔上的一丝阳光，来反衬山林的幽暗、冷清。这种动静结合、虚实相生的手法就是借鉴于禅宗。

《辛夷坞》："木末芙蓉花，山中发红萼。涧户寂无人，纷纷开且落。"胡应麟赞其为"五言绝之入禅者"③，在幽寂的深山中，芙蓉花开的灿烂，而在这无人的山谷中，花儿"纷纷开且落"，一方面是花儿开得正好，另一面却是寂静的山坞，形成鲜明的对比。花开花落有其自然的规律，它不需要谁的注目，闲静而空寂，这正如我们生活的世界一样，万物都有其自身的规律，凡事都是在刹那中生灭，无始无终。在诗人心目中，一切事物最终都归于静穆。

另外，箫声中的"欹湖"，翠竹绿水中的"斤竹岭"，飒飒秋雨中的"栾家濑"，清浅的"白石滩"，幽阴多绿苔的"宫槐陌"，四面芙蓉

① 宋先伟．大般涅槃经［M］．北京：大众文艺出版社，2004：261.

② 宋先伟．华严经［M］．北京：大众文艺出版社，2004.

③ （明）胡应麟．诗薮［M］．北京：中华书局，1958.

开的“临湖亭”，倒影入清漪的“柳浪”，香草花树的“椒园”，神秘藻丽的“金屑泉”以及烟水迷离中的“南垞”。这些景物在诗人眼中也都蕴藏着无限的禅趣，诗人在描写的过程中没有运用任何修辞手法，意象透明真切，平淡而又精致，处处表现出了闲、静、空、寂之趣。

除《辋川集》外，王维的其他诗歌中也有一大部分是属于禅趣诗的范畴。如：“人闲桂花落，夜静春山空。月出惊山鸟，时鸣春涧中”（《鸟鸣涧》），“行到水穷处，坐看云起时”（《终南别业》）等等。

二、《辋川集》中裴诗的平淡自然美

与王维的“冲淡”相比，裴迪的诗歌更为“平淡自然”，他更加注重对景物自身的真实摹写。平淡与冲淡虽然都注重一个“淡”字，但“冲淡”的境界略高些，冲淡更显得高妙远逸、空灵闲适。裴迪的诗歌境界虽不如王维高，但是也有少数篇章写得意境幽远、情景交融。

《华子岗》：“落日松风起，还家草露晞。云光侵履迹，山翠拂人衣。”这首诗写华子冈傍晚之景，夕阳西下，松树林里阵阵涛声，草上的露水也被风吹干，天边的霞光微照着小径上人的足迹，山上的树枝轻轻拂打着行人的衣服，构成了一幅宁静优美的图景。作者在此写了“落日”“松风”“小草”“云光”“履迹”“山翠”几个意象，寓情于景，流露出了沉醉于自然风景的愉悦心情。

《木兰柴》：“苍苍落日时，鸟声乱溪水。缘溪路转深，幽兴何时已。”这首诗写落日之时，鸟叫声和流水声交织在一起，发出动听的声音，写出了大自然的勃勃生机，也流露出了诗人欢快愉悦的心情。作者写景形象鲜明、朴实生动。通过一个“乱”字，写出了鸟之乐、水之乐、人之乐。宋代顾乐对此诗有很高的评价曰："（首二句）十字画亦不到，如有清音到耳。"（《唐人万首绝句选评》）由此可见裴迪诗歌之功力。

《宫槐陌》："门前宫槐陌，是向欹湖道。秋来山雨多，落叶无人扫。"这首诗看似写景，实则抒情，诗人寓情于景，流露出了秋之悲伤，尤其是后两句，诗人写了"山雨""落叶"两个萧瑟的意象，给人一种惆怅之感。在《诗境浅说续篇》中对此诗评价极高，"此作虽仅言秋来落叶，而写萧寥景色，有遁世无闷之意，与右丞'涧户寂无人，纷纷开且落'，诗意相似。"①

《欹湖》："空阔湖水广，青荧天色同。舣舟一长啸，四面来清风。"通过描写"湖水""天色""清风"等意象，来写船将靠岸时的愉悦心情，诗人虽然没有用典、用修辞等手法，但是诗人运用朴实的笔法将自然之景呈现在读者眼前，犹如身临其境，寓情于景，情景交融，与王诗歌相比更为含蓄有味。

《白石滩》："跂石复临水，弄波情未极。日下川上寒，浮云淡无色。"前两句写跂石弄波之乐，后两句以落日、浮云之景做渲染，格调清新自然。"日下川上寒"一句更得自然之妙，有创新之意，可见诗人观察之细致。《历代诗发》评其为："此作亦堪撑拄右丞。"

裴迪的诗歌平淡自然，诗歌中虽无华丽之辞藻，亦无深奥之典故，但是诗人用笔自然朴实，形象鲜明，笔致生动，读其诗使人身临其境、回味无穷。

---

① 杨文生．王维诗集笺注［M］．成都：四川人民出版社，2003：345.

三、《辋川集》王、裴之比较

关于《辋川集》，尽管历代诗歌评论家对其评价不一，但是文学史上多认为“王诗优于裴诗”，王、裴诗艺之高下似乎早已有定论。

有关“王优于裴”的评论有如：胡应麟：“唐五言绝，太白、右丞为最；崔国辅……裴迪、崔颢次之。”① 沈德潜：“裴较王之作，味差薄矣。然笔意古淡，自是辋川一派，宜其把臂入林也。”② 俞陛云：“裴迪与右丞唱和，如《鹿柴》《茱萸沜》诸诗，皆质朴而少余味，其才力未能跨越右丞也。”③

胡应麟仅认为王优于裴，并未说明具体缘由。沈德潜和俞陛云皆认为裴诗与王诗相比，“味差矣”“少余味”。这也只是从艺术鉴赏的角度来分析的，还不是很全面。葛晓音先生曾说：“王维的二十首诗大多数写得空灵隽永，成为传世名作；而裴迪的那一组诗却不见特色，很少有人提及。”④

但不可否认的是，在辋川诸绝中裴迪也有少数形神兼备的作品，例如《华子冈》《木兰柴》《白石滩》等作品也受到了后人很高的评价，堪与王诗相媲美，使其在盛唐诗坛上占有一席之位。

那么，《辋川集》中王、裴诗歌相比较，其区别有哪些？下面做简要分析。

第一，王诗善虚写，裴诗多写实。

---

① （明）胡应麟．诗薮［M］．北京：中华书局，1958：115.
② 杨文生．王维诗集笺注［M］．成都：四川人民出版社，2003：366.
③ 俞陛云．诗境浅说［M］．北京：北京出版社，2003：125.
④ 葛晓音．虚实得当　臻于神境——说王维的《辋川集》绝句［J］．名作欣赏，1983（6）：4.

在文学作品中，从艺术鉴赏的角度来说，虚写要比实写的境界更为高些，但是在一首诗歌中如果过分地注重虚写或者实写，都达不到好的艺术效果，侧重于虚写或者实写任何一个方面，都会对读者的阅读造成障碍，使读者不能很好地理解诗歌所描述的事物本身。如山水诗，实写能够描绘事物的具体形态，可以帮助读者在头脑中再现这幅山水的美丽图景，但是如果过分地写实，没有一点点的虚写成分，就会使诗歌显得呆板，缺少神韵。因此，《辋川集》中裴诗的部分诗歌就犯了这个弊病。相对而言，《辋川集》中王诗这一点就处理得比较好，他在景物描写的基础上更为注重虚写，这样就使得读者有了自己想象的空间，而且虚写也有助于传达事物的神韵，这样境界也就更为空灵。

对此，吴逸一的《唐诗正声》中也做了陈述："迪诗佳者独辋川诸作，然王多于题外属词，裴就题命意，伎俩自别。"其实也是说王、裴诗歌之差异。"题外属词"是说《辋川集》诗歌中诗人对于这二十处景点的描写，并不是着力描绘自然风景，而是多从风景之外设词，即虚写。"就题命意"则为"着题模拟"，也就是说裴迪的辋川诗歌中多从景物本身的立意下笔，也即是实写。唐汝询在《唐诗解》中也有关于王诗重虚写的评价："摩诘《辋川》诗，并偶然托兴，初不着题模拟。"① "虚实相生，无画处皆成妙境。"②（笪重光《画鉴》）"山水以气韵为主，形模寓于其中，乃为合作。"③（王世贞《艺苑卮言》）可见，好的作品总是虚与实、形与神的有机统一。

---

① （明）唐汝询编选，王振汉点校．唐诗解［M］．河北：河北大学出版社，2010：491.

② （清）笪重光著；吴思雷注．画鉴［M］．四川：四川人民出版社，1982.

③ （明）王世贞著，陆洁栋，周明初注．艺苑卮言［M］．江苏：凤凰出版社，2009.

以谢灵运为代表的六朝山水诗人，在山水诗的创作中进行过深入的探索。谢灵运的山水诗大多侧重于对实景的摹写，以形似取胜。刘勰在《文心雕龙·物色》对六朝山水诗有一段评述："文贵形似""巧言切状""窥情风景之上，钻貌草木之中"①。当然，创作中过分重形似自然就会缺少诗家所谓的神韵和气象了。王维之所以高明就在于他突破了这一点而注重写意，无论是他的诗还是画，均能将形似与神似有机统一起来，从而达到了形神兼备的艺术效果。纵观其《辋川集》中的诗歌，没有一首是重在对自然风景实在的摹写的。相对于裴诗客观风景式的摹写，王诗更突出抓住景物的主要特征进行描写，诗人通过描绘景物中的意蕴来传达出其中所蕴含的一种精神和气象，以此来表现作者的人生态度和生活情趣。而裴诗则注重对景物自身的真实描绘，重在以景写景，诗人流露出来的只是刻画此景所流露出来的感情，缺乏王诗那种空灵隽永的意蕴。这也就是为何王诗高于裴诗的原因之一吧。葛晓音先生就说："为什么描写同样的景色，两人的作品竟如此悬殊？……在艺术处理虚实关系得当与否也是一个重要的因素。"②

当然，不可否认的是，裴迪的少数作品也能将虚实很好地结合起来，但在《辋川集》二十首之中，确实少之甚少，只有《华子冈》《木兰柴》《白石滩》几首，实在难以弥补他众多诗歌的缺陷，因此，在文学史上他《辋川集》中的作品只能在王维之下。下面结合《辋川集》作品做一说明。

---

① （梁）刘勰著，范文澜注．文心雕龙［M］．北京：人民文学出版社，1958：694.

② 葛晓音．虚实得当 臻于神境——说王维的《辋川集》绝句［J］．名作欣赏，1983（6）：4.

《孟城坳》是王维搬入辋川庄园时面对“古木余衰柳”所发的感慨，新家.照已经让人感喟，何况还有这株衰柳呢？在此，诗人既为这胜景而悲叹旧居者，又揣测后来者之人，那么他日之来者也会像我这样为昔日的主人而悲伤吧！不过诗人并没有把这层意思写出，而是以自解的口吻写出“来者复为谁？空悲昔人有。”暂且不去想那么多了，目前尚不知后来者是何人，又何必为昔日之主人而悲伤呢？在这里诗人实写“思来者”和“悲昔人”，虚写“悲今人”。由眼前之衰柳而想到古今之人，发人深思，诗人将虚写和实写很好地结合起来，比起裴迪的同咏“结庐古城下，时登古城上。古城非畴昔，今人自来往”就显得含蓄隽永得多。裴迪在此只是就眼前景写眼前事，虽然也提到了“古城”和“今人”，但是却无法扩散读者的思绪，读者只能停留在“今人”之上，“昔日之人”和“后日之人”似乎无关古城，由此，这首诗歌就没有什么意义，显得内容空洞，索然无味。刘辰翁也曾评价此诗：“末为不佳，相去甚远”①，这就是过分注重实写的弊端吧！

关于以文杏为梁的“文杏馆”，两位诗人的写法又有很大差异。王维云：“文杏裁为梁，香茅结为宇。不知栋里云，去作人间雨。”裴迪同咏：“迢迢文杏馆，跻攀日已屡。南岭与北湖，前看复回顾。”同样是写山馆之高远，王维是将虚实结合起来写的，作者先实写文杏馆之精美和芳洁，即以文杏为梁，以香茅结宇。接着作者笔锋又突转为虚笔，写栋中彩云化为人间雨的优美想象，不但写出了山馆之高峻、境地之优美，还为这看似普通的“文杏馆”增添了几分神秘色彩。再者，栋里

① 杨文生.王维诗集笺注［M］.成都：四川人民出版社，2003：330.

云化作人间雨，也不禁使人联想到作者的洁身自好及隐居山林之乐。然而，裴迪在写山馆之高远时就完全采用了实写的笔法，写文杏馆之高远就直写攀登之费时，末两句写到达文杏馆之后，南岭与北湖的风光尽收眼底，即景写景，没有丝毫的想象或者夸张，令人读之诗味索然。

王维笔下能使人长寿的“金屑泉”，王维诗云：“日饮金屑泉，少当千余岁。翠凤翔文螭，羽节朝玉帝。”作者运用夸张的手法，说饮用金屑泉可以延年益寿，遨游天宫，朝拜玉帝，写出了泉水之甘美、神奇。而裴迪同咏的诗歌“潆渟澹不流，金碧如可拾。迎晨含素华，独往事朝汲。”只是描述了自己早晨汲水之情景，不如王诗虚处之传神。再者，关于“椒园”之描写，裴迪的诗歌“丹刺罥人衣，芳香留过客。幸堪调鼎用，愿君垂采摘。”过分的描写椒之色、椒之香、椒之味，完全采用实写的笔法，似乎只是一张关于“椒”的说明书，毫无诗意可言，而王维则采用了大胆的夸张和想象，将椒园与神仙、美人联系起来，“杜若赠佳人”“欲下云中身”。引领读者进入到一个超现实的闲逸世界。

在这一片葱绿的“斤竹岭”，王维和裴迪的感触又大为不同，王维诗云：“檀栾映空曲，青翠漾涟漪。暗入商山路，樵人不可知。”前两句实写斤竹岭上的景色，写斤竹与檀栾相映，水中的倒影漾起轻微的涟漪，后二句则虚写斤竹岭的幽深莫测，把斤竹岭与“商山”① 联系起来，也流露出了作者对秦末“商山四皓”② 生活之向往。虚实结合，为

① 商山，位于陕西省商洛市丹凤县城西 7.5 公里丹江南岸山阳县东北。

② “商山四皓”是秦朝的四位博士：东园公唐秉、夏黄公崔广、绮里季吴实、甪里先生周术。分别职掌：一曰通古今；二曰辨然否；三曰典教职。后来他们隐居于商山，曾经向汉高祖刘邦讽谏不可废去太子刘盈（即后来的汉盈帝）。后人又用“商山四皓”来泛指有名望的隐士。

读者创造了一个清幽、静谧的桃花源式的世界。而裴迪则同咏“明流纡且直，绿筱密复深。一径通山路，行歌望旧岑。”实写了竹林里的溪流、翠竹、山路及竹林的环境，与王诗的虚实结合相比，裴诗显得境界直浅。

王维《鹿柴》：“空山不见人，但闻人语响。返景入深林，复照青苔上。”写傍晚空山深林的景致，前两句实写“山之空”，后两句虚写，作者着意刻画了一抹斜晖返照在林中青苔上的画面，写落日的余晖笼罩在冰冷的青苔上，更衬托出空山之清冷。而山中的人语响愈发地突显出深林之静，写出了大自然的恬静深邃，流露出了浓厚的禅意，作者在这有限的画面中给读者留下的是无尽的思考。裴诗则纯为写实“日夕见寒山，便为独往客。不知松林事，但有麇鹿迹。”写傍晚时分日落寒山，而此时却孤独一人，不晓松林之事，唯独小径上有麇鹿的足迹。以事纪事，并无深意。

另外，在《辋川集》的其他诗歌中，诸如《茱萸沜》《宫槐陌》《临湖亭》《南垞》《北垞》《欹湖》等中，都体现出了王诗虚实结合、裴诗“着题模拟”的写作特点，具体内容不再赘述。

第二，王诗喜用典，裴诗多朴实。

以典入诗，是古代诗人常用的一种表现手法，运用典故可以使诗歌更加含蓄、典雅，提高作品的表现力、感染力，给读者留下更大的想象空间，达到言有尽而意无穷的艺术效果。尤其是对于五言绝句来说，想要在简短的字数内来表达诗人的意绪，运用典故即能达到这样的效果。王诗中的用典相对于裴诗的平铺直叙，在艺术成就上也技高一筹。

在《辋川集》中，王维的诗歌多处运用典故，使得诗含蓄婉转、庄重典雅。例如《文杏馆》"文杏裁为梁"运用了司马相如《长门赋》中的典故"饰文杏以为梁"①，"香茅结为宇"则运用了左思《吴都赋》中的典故"食葛香茅"②，来形容文杏馆建筑材料的华美。再者，《漆园》中王维借用典故含蓄地表明了作者的人生志趣，"古人非傲吏，自厥经世务。偶寄一微官，婆娑数株树。"《史记·老子韩非列传》中楚威王派遣使者聘用庄子为相，庄子则对使者说："子亟去，无污我！"③王维在此是借庄子来自喻自己的隐居绝非为性傲，不求仕进，实在是因为自己缺少经邦济世的才干。后两句则借用《晋书》中的典故"此树婆娑，无复生意。"④ 表现出了自己"无可，无不可"⑤ 的人生态度。此处，"婆娑"指树，用来形容树木枝叶纷杂，已无生机。在郭璞的《客傲》中有"庄周偃蹇于漆园，老莱婆娑于林窟"⑥ 的用法，此处"婆娑"用以指人，形容老莱子放浪山林的闲逸生活，"偶寄一微官，婆娑树数株。"此处"婆娑"可指树，也可指人，写我这么一个微官，与几颗树相伴，乐在其中矣，表现了王维隐逸田园、甘于淡泊的人生态度。刘德重评其说："用典自然贴切，与作者融为一体，以致分不清是咏古人还是写自己，深蕴哲理，耐人寻味。"⑦ 裴迪同咏："好闲早成性，果此谐宿诺。今日漆园游，还同庄叟乐。"直接点明诗人漆园之

---

① 裴晋南．汉魏六朝赋选注［M］．上海：上海古籍出版社，1983：9.

② 左思《吴都赋》："纶组紫绛，食葛香茅。"刘良注："食葛，蔓生，与山葛同，根特大，美於芋也。"香茅，一种禾草。

③ （宋）司马迁．史记［M］．北京：中华书局，2006：395.

④ 《晋书·桓玄传》："仲文因月朔与众至大司马府，府中有老槐树，顾之良久而叹曰：'此树婆娑，无复生意。'"

⑤ （唐）王维撰；陈铁民校注．王维集校注［M］．北京：中华书局，1997：1088.

⑥ 出自《晋书》（卷七十二）列传第四十二。

⑦ 杨文生．王维诗集笺注［M］．成都：四川人民出版社，2003：363.

乐同于庄周之乐，过于直白。葛晓音评其："将含义局限在'好闲'和隐居之乐上，失于语露意浅，不及王诗意味深长。"①

第三，王诗创造的是一种理想美的世界，而裴诗则描绘出了一幅大自然的美丽图景。

《辋川集》王维的二十首诗歌中，王维所写的二十处景物为读者构造了一个桃花源式的理想世界，"飞鸟去不穷"的华子冈，"文杏裁为梁"的文杏馆，"暗入商山路"的斤竹岭，"空山不见人"的鹿柴，"飞鸟逐前侣"的木兰柴，"吹箫凌极浦"的欹湖，"飒飒秋雨中"的栾家濑，"潆渟澹不流"的金屑泉，"涧沪寂无人"的辛夷坞等等。在诗人眼中，这些景物是超越于自然而存在的，作者不是重在写景，而是要通过景物描写来传达自己的人生意趣和人生境界。在他笔下这二十处景物已超越于自然本身，变成了一个和谐、静美的桃花源。在这个理想的王国中，万物都体现出空、灵、静之美。而裴迪的诗歌则为读者如实描绘了辋川山庄的自然风景，裴迪笔下的自然缺乏灵性，物也是自然物，这就大大削弱了其诗歌的艺术境界。

综上所述，王、裴诗歌之高下已显而易见，历代文学评论家对裴迪的诗歌大都持否定态度，更有甚者评裴诗极为幼稚，但不可否认的是在裴迪的二十首诗歌中也有个别的诗歌写得境界高远、颇有韵味。

---

① 葛晓音．汉唐文学的嬗变［M］．北京：北京大学出版社，1990.

高适籍里新证

关于高适之籍贯，历代史志书目多有记载。《旧唐书·高适传》载："高适者，渤海蓨人也。"① 《新唐书·高适传》中载："高适字达夫，渤海沧州人。"② 宋计有功《唐诗纪事》、元辛文房《唐才子传》中则沿袭《新唐书·高适传》，云其为"沧州人"。清代康熙年间马士祯、王维哲等纂修之《南皮县志》卷一"图经·古迹"曰："高适故里在东南六十里，今名夜珠高家。"潘锡恩等所修之《嘉庆重修一统志》"天津府二·古迹"云："高适故里在南皮县东南六十里。"杜甲等纂修之《河间府志》卷十八"考辨"曰："高适诗辨：旧志因唐史，以高适为渤海人，然达夫诗云：'我本渔樵孟诸野，一生自是悠悠者'，则达夫已久为梁园睢陵人，与蓨县远矣。"可见古时有关高适籍贯就众说纷纭。今人现论及高适籍里时，多因循于上述诸说。如彭兰先生《高适系年考证》认为，高适是唐德州蓨人，所因循者，明显采自《新唐书》《唐才子传》《唐诗纪事》诸说。傅希克先生在《高适籍里求是》一文

---

① （后晋）刘昫等撰．旧唐书［M］．北京：中华书局，1975：3328.

② （宋）欧阳修；宋祁撰．新唐书［M］．北京：中华书局，1975：4679.

中认为，高适籍里应是唐沧州饶安人，其所据者，则为上述诸地志中所载。然查现存高适之诗文，其中对渤海旧地之情况一无所载，虽其《淇上酬薛三据兼寄郭少府微》诗云："天长沧州路，日暮邯郸郭"，但对此亦无特别提示，且此时所记，乃其北上出游之经过，故由此可知高适或从未居住过沧州，则其籍里自然不在此地。且方志中之材料，诚如四库馆臣在《四库全书总目提要》"地理类一"中所云："其间假借夸饰，以侈风土者，抑又甚焉。"① 傅氏所据之史志，多为清时人所作，前史之中均无记载，千年之后而出此说，非但于史无证，且嫌突兀，故出于后人之附会者为多。至于《河间府志》中所云"梁园睢陵人"，四库馆臣于《四库全书总目》卷一四九《高常侍集》提要中已作辨证，其云："唐书作渤海人，《河间府志》据其《封丘县》诗'我本渔樵孟诸野'句，又初至封丘诗有'去家百里不得归'句，定为梁宋间人。然集中《别沂孙》题下又注'时俱客宋中'，则又非生于梁宋者。志所辨似亦未确。考唐代士人多题郡望，史亦复因之，往往失其籍里。"② 此论亦深得学人认可，故目前学界普遍认为"渤海蓨人"乃举郡望而言，其真实籍里已不可考。③ 然高适之籍贯殊不可考欤？笔者以为不然。孙钦善先生在《高适集校注》中言"旧题郡望，谓渤海蓨人，籍

① （清）纪昀等．四库全书总目提要［M］．北京：中华书局，1965：594.

② （清）纪昀等．四库全书总目提要［M］．北京：中华书局，1965：1282.

③ 刘开扬《高适诗集编年笺注》"唐人习于称郡望……此已开习气之先矣。故高适生籍甚难确知，谱云莜人从《旧唐书》本传也"第1页，周勋初《高适年谱》"《旧唐书·高适传》曰'渤海莜人，与高氏四墓文同，然此乃唐人举郡望之旧习，非谓其籍贯在沧州之地也……故高适之籍贯殊难断言。'"第5－6页，傅璇琮《唐代诗人丛考·高适年谱中的几个问题》亦持此论。

里当在洛阳"①，但并未对此进行深入的分析。笔者在此说基础之上，引征有关材料加以论证，以期对此有一合理的解答，同时敬请诸位学人指正。

一、"渤海高氏"与"洛阳高氏"②

高氏之起源，《古今姓氏书辨证》卷十一载："高氏，出自姜姓，齐太公六世孙文公赤，生公子高。其孙傒，为齐上卿。敬仲生庄子虎，虎生顷子，顷子生宣子固，固生厚，厚生子丽，丽生止，奔燕。十世孙量，为宋司城，后入楚。又十世孙洪，后汉渤海太守，因居渤海蓨县。"③（此又见于《新唐书·宰相世表》"十一下"，其世系传承与此略同）此论向我们展示了高氏一姓在东汉以前传承流布情况，唐世重谱牒，此应为当时较为流行之说法。高洪自任渤海太守后，遂定居于郡内蓨县（今河北景县），其后裔亦是十分兴旺，成为郡内最强的家族之一，此亦为后世高姓之主流——"渤海高氏"。

然宋代韵书《广韵》在释"高"时曰："高，上也，崇也，远也，敬也。又姓，齐太公之后，食采于高，因氏焉。出渤海、渔阳、辽东、广陵、河南五望。"④此五望族之中，渤海高氏之形成，前有论及，其"渔阳""辽东""广陵"三族，因与本文关系不大，姑且不论。而较之于渤海高氏，河南高氏的形成无疑则要复杂得多。虽其春秋时有郑国大夫高克、高渠弥，卫国有高柴，东汉时有南阳叶人高凤，但南北朝时，

---

① 孙钦善．高适集校注［M］．上海：上海古籍出版社，1984：355.
② 此处"河南"，非今之河南省，是古之"河南郡"，其治所在今河南洛阳东北。
③ 郑名世．古今姓氏书辨证［M］．北京：中华书局，1985：148－149.
④ 周祖谟．广韵［M］．北京：中华书局，2004：157.

高氏之成分则发生了很大变化。北魏太和十七年，孝文帝自平城迁都洛阳，实行汉化政策，并把内迁之鲜卑族各部落一律改为汉姓，史称之为“河南虏姓”。内迁诸鲜卑人均以洛阳为籍贯，且死后不得归葬于代北，故多归葬洛阳北邙山。在孝文帝所改诸姓中，亦有高氏。据姚薇元《北朝胡姓考》，胡姓所改高姓者有二：其一为“内入诸姓”（即由鲜卑族迁入者）“是娄氏”或“有娄氏”所改为高姓者，此类人有高湖、高欢、高详、高齐、高殷诸人，姚氏对此详加考证并进而论曰：“有此六证，可知高齐为鲜卑族，本姓娄。其先自慕容燕归魏，改为高氏。又隋吏部侍郎高孝基，唐宰相高俭（士廉）、高璩、高郢，皆本鲜卑族也。”① 其二便为“东夷诸族”“羽真氏”所改高氏。对此，姚氏考证曰：“辽东高氏，本高丽族。《姓解》三：‘辽东高氏号高句丽’，《氏族略》曰：‘高丽羽真氏改为高氏。’《周书·高琳传》‘其先高句丽人也。六世祖钦，为质于慕容廆，遂仕于燕。五世祖宗，率众归魏，拜第一领民酋长，赐姓羽真氏。’据此，是辽东高氏，本丽族，由燕归魏，赐姓羽真氏。”

然唐时河南高氏是否已经形成？高路加先生在《渤海高氏与高姓宗族》一文中论及河南高氏的形成时说：“然而后世河南一带高氏极为兴盛，尤其北宋时，出自渤海的高怀德、高琼二支高家将迁至都城汴京，后裔成为河南高氏的重要组成部分。”② 上文已述，河南高氏的渊源为魏孝文帝所改外族之汉姓，而又曾极盛于宋，那么在唐时河南高氏是否已经存在，其宗族是否已经形成？且看下面几条墓志：

① 姚薇元．北朝胡姓考［M］．北京：中华书局，1962：137.
② 高路加．渤海高氏与高氏宗族［J］．河北学刊，1998（5）：98.

君讳偐仁，字偐仁，渤海蓨人也……励贞顺之节，著幽闲之美，以贞观十五年六月廿五卒于高邮之馆舍。岁在乙卯，朔惟景申，廿五日庚申，归窆于芒山之掌。（《唐故始州黄安县丞高君墓志铭并序》）①

公讳志远，字悠，渤海蓨人也……以长安二年四月十四日遘疾，终于官，时年卅七。以二年十月二日祔葬张杨里。（《大周故潞州司士参军高君志文并序》）②

先府君讳宪，字志平，族高氏……即以其年（唐开元十五年）闰九月十七日权安厝于河南府洛阳县河阴乡邙山之原。（《先府君玄堂刻石记》）③

君讳嵘，字若山，渤海人也……荣非衮职，长怀孝伯之嗟，岁在巳年，奄迫康成之梦，春秋六十，以开元十七年五月廿七日遘疾，薨于河南府洛阳县通远坊之私第……粤以其年十月十六日迁厝于河南县平乐乡中原礼也。（《大唐故右监门卫中郎将高府君墓志铭并序》）④

公讳知行，字慎非，渤海郡人也……以景龙二年正月一日终于私第，春秋六十有八。即以景龙三年二月九日合葬于洛阳城北十五里之原礼也。（《唐故奉义前将作监大荫副监高府君墓志铭并序》）⑤

公讳徵，字志肃，渤海蓨人也……未之下寿，奄忽上游，开元十七年岁在荒落，遘疾薨于河南之尚贤里，春秋六十有六。则以明年龙集庚午葬于北邙先茔之南原礼也。（《唐故银青光禄大夫少卿上柱国渤海郡

---

① 周绍良．唐代墓志汇编［M］．上海：上海古籍出版社，1992：228.
② 周绍良．唐代墓志汇编［M］．上海：上海古籍出版社，1992：1020.
③ 周绍良．唐代墓志汇编［M］．上海：上海古籍出版社，1992：1339.
④ 周绍良．唐代墓志汇编［M］．上海：上海古籍出版社，1992：1359.
⑤ 周绍良．唐代墓志汇编［M］．上海：上海古籍出版社，1992：1089.

开国公高府君墓志铭并序》)①

公讳钦德，字应休，渤海人也……以开元廿一年九月十一有九日，终于柳城郡公舍，春秋五十有七。夫人太原王氏，河南程氏，继公逝亡，并权措私第……以天宝岁惟庚戌月在申朔日辰乙巳合葬于洛阳县清风里北邙洪原其右礼也。(《唐故右武卫将军高府君墓志铭并序》)②

公讳定方，渤海人也……而遘疾弥留，欻焉大渐，开元廿二年秋七月四日甲子薨，春秋五十一。以其年八月六日甲寅葬于洛阳东袁村之原礼也。(《大唐故云麾将军可右威卫将军员外置同正员上柱国右羽林军上下兼知射生使监河东河西道兵马使内供奉高府君墓志铭并序》)③

公讳俌，字叔容，渤海人也……以天宝三载六月四日染疾弥留，终于东京丰财坊之私第，春秋卌有七，夫人范阳卢氏，父简棲，任灵昌郡白马主簿，夫人河南刘氏，父暄，任南海郡司马……以天宝四载七月十三日全葬于河南县梓泽乡之原，礼也。(《大唐故宣德郎通事舍人高君墓志铭并序》)④

君讳娩，字温，渤海蓨人也……以天宝五载丁酉月口朔七日歿于殖荣里之私第，春秋卅四……演龟易之灵兆，宜与前夫人赵郡李氏同茔，即以八载岁次己丑六月甲午朔九日壬寅，殡于邙山凤凰台之南原礼也。(《大唐吏部选彭城刘君故妻高氏墓志铭并序》)⑤

夫人渤海高氏，陇西郡录事参军礼之女也……以天宝九载三月十三

① 周绍良．唐代墓志汇编［M］．上海：上海古籍出版社，1992：1377.
② 周绍良．唐代墓志汇编［M］．上海：上海古籍出版社，1992：1416.
③ 周绍良．唐代墓志汇编［M］．上海：上海古籍出版社，1992：1436－1437.
④ 周绍良．唐代墓志汇编［M］．上海：上海古籍出版社，1992：1581.
⑤ 周绍良．唐代墓志汇编［M］．上海：上海古籍出版社，1992：1633.

日终于东京仁凤里，以明年五月二日合葬于北邙山平乐原礼也。（《大唐故太原王府君夫人、高氏合祔墓铭》）①

综观上述墓志材料，我们可以发现以下两点：其一称之为渤海蓨人之高姓者，在洛阳有其私第，且卒后归葬于洛阳者，此有高嵘、高知元、高懲、高俌诸人。其二称之为渤海蓨人之高姓者，在外为官并终于官舍，卒后归葬于洛阳者，诸如高宪、高钦德、高俨仁、高志远等。此诸人之所以不远千里归葬于洛阳，因其祖冢在洛阳。其中又有称渤海蓨人高姓之女嫁于洛阳之外姓者，终于其洛阳私第且归于洛阳其夫姓之茔，此亦说明其娘家即为洛阳。综此上三者则可证明，唐时河南高氏即已初步形成。然其郡望因有河南虏姓之形成背景，远低于渤海高氏。故虽籍里在洛阳，然却多称为渤海高氏，此并非自唐始。如《魏书·高肇传》云："高肇，字首文，文昭皇太后之兄也，自云本渤海蓨人，五世祖顾，晋永嘉中避乱入高丽……肇出自夷土，时望轻之……既无亲族，颇结朋党。"② 盖于重郡望之风气时俗下，洛阳高姓不得不改变其里第而掩饰其本来郡望，假之以渤海高氏，藉其声望而抬高门第之意明矣，此在唐时重门第的生活风尚中非常普遍。如姚薇元氏所列举唐朝宰相高俭（士廉）、高璩、高郢诸人，虽为鲜卑族，但查之史志，其郡望已非原本。如《旧唐书·高士廉传》载："高俭字士廉，渤海蓨人。"③《高郢传》（卷一百六十七）："高郢字公楚，其先渤海蓨人。"④ 因此，高适即使为洛阳人却称其郡望为渤海蓨人，这一现象就非常好理解了。

---

① 周绍良．唐代墓志汇编［M］．上海：上海古籍出版社，1992：1656.
② （北齐）魏收．魏书［M］．北京：中华书局，1974：1829－1830.
③ （后晋）刘昫等撰．旧唐书［M］．北京：中华书局，1975：2441.
④ （后晋）刘昫等撰．旧唐书［M］．北京：中华书局，1975：3975.

二、高适家族墓志之证

渤海高氏为唐时高氏一族之名门望族，故天下高姓者多称为渤海蓨人。河南高氏之形成，因有“河南虏姓”之背景，其声望远逊于渤海高氏，故虽为河南高氏，亦自称为渤海蓨人也。本论则将从高适宗族诸墓志及相关碑志材料出发，证实洛阳确有一高适家族存在，高适相近之亲属，其籍里则多为在洛阳，故进而证实高适实乃洛阳人。

有关高适之家世，因高适诗文中无自叙其世系之作，史传之中亦无系统之记载，故若详加考证，殊非易事。而周勋初先生在《高适年谱》中独发微抉幽，详加稽考，其所据者，即为高氏家族之四墓志，“此四志文曰：‘高氏墓志’，见《千唐志斋藏石》；曰‘高琛墓志’，见《千唐志斋藏石》；曰‘高琛夫人杜兰墓志’，见《千唐志斋藏石》；曰‘高岑墓志’，见《芒洛冢遗文四编》卷六。”① 现为研究方便故择其要者迻录如下：

夫人讳嫃，渤海蓨人也……曾祖子口，皇朝宕州别驾；祖偘，左卫大将军；父崇文，韶州长史……尚未笄年，允备成人之美，故年十三，归我朱氏……呜呼！享年不永，以开元十一年六月廿二日遘疾，终于洛阳县界毓财里口私口，春秋卌有七。(《大唐前益州长史成都尉朱守臣故夫人高氏墓志文并序》②，同见于《唐代墓志汇编》第1283页)

公讳琛字琛，渤海蓨人也……丕烈之裔，河岳降神，勋庸之家，才

① 周勋初．周勋初文集［C］．南京：江苏古籍出版社，2000：5.

② 河南省文物研究所河南省洛阳地区文管处．千唐志斋藏志［M］．北京：文物出版社，1984：633.

贤受祉，用集于祖宕州别驾祐，能修文行，以济武功，是掌北门之管，且食平原之赋，用集于大父左监门，右武卫大将军，平原郡威公偘；承宕州之雅躅，奉威公之遗训，不贪为宝，尚义称贤，既剖符于延安，遂命舆于太卤，用集于烈考崇德，公则并州司马之元子也……饮水载怀，随牒首路，车将发轸而遇疾，天宝八载七月十六日终于东京尚善里所，享年七十二。悲夫！以其载八月二日甲子窆于洛阳平阴原礼也。(《唐故南充县南充郡司马高府君墓志铭并序》)①

府君讳岑，字柳奴，渤海蓨县人也……隋左散骑常侍讳祐，公之五代祖。曾祖讳偘，皇左监门卫大将军辽东、陇右两道持节大总管……谥曰威公，恩礼加也；曾祖讳崇礼，皇云麾将军行左卫率府中郎将；祖讳元琮，皇遂州司户参军；皆以大名令德，可谓冠婚，振扬佳声，克诏前烈。府君则司户公之元子也……岂期穹苍昧鉴，不禄于陕府陕县之私第，春秋六十有三。呜呼！才屈于寿命也，去贞元十四年闰五月五日，扶護于洛阳县平阴乡王赵村邙山之阳。(《唐故朝散郎前太子左赞善大夫高府君墓志铭并序》)②

从上引诸墓志文中，我们不难发现：其一，以家族传承视之，自其曾祖高祐起，即形成一大族，至祖高偘则达到其家族之顶峰，被封为平原郡开国公，并陪葬昭陵。自其父辈起，其家族则有衰落之趋势，至于高适，则与平民无异。然以墓志观之，此族系当在洛阳。其在洛阳多有私第，如高嬇虽嫁于朱守臣，其私第在洛阳县界毓财里，其兄高琛则在

① 河南省文物研究所河南省洛阳地区文管处．千唐志斋藏志［M］．北京：文物出版社，1984：847.

② 周绍良．唐代墓志汇编［M］．上海：上海古籍出版社，1992：1960.

尚善里。以其家族势力及高嫃之婚嫁情况视之，则高崇文亦当在洛阳有私第。其后高岑之私第在于陕县，乃其为宦之故。其二，以其族人葬所视之，高嫃葬于河南县河阴乡界邙山百乐坞之北塬，自为朱家之墓地，高琛葬于洛阳平阴原，高岑虽卒于陕府陕县之私第，却归葬于洛阳县平阴乡王赵村之邙山。高琛之妻杜氏（杜兰）于“天宝十载十月十一日葬于洛阳北邙之原，合祔于南充之旧茔”。① 高岑之妻弘农尚氏，亦于“元和二年八月十七日归葬于先府君（高岑）之旧茔”。② 以此观之，则高适家族墓地则在于洛阳县平阴乡之邙山。其三，以高嫃、以高适生年推之，高嫃生于武曌垂拱二年（686 年），而高适之生年，据周勋初先生在《高适年谱》一书中所作之考证，为武曌久视元年（700 年）。由此观之，则高嫃长高适十四岁。又高嫃之嫁于朱守臣，乃其十三岁时（武曌圣历二年，公元 699 年），时高适尚未出世。高嫃卒于洛阳县界毓财里之私第，时为开元十一年，高适正寓居于宋中。高适之父高崇文所卒之官为韶州长史，其时高适尚幼（具体时间已不可考），然考高适之诗文，高适幼年时却有岭南生活之经历③。综上述种种，笔者认为，高嫃之嫁于朱守臣，是在洛阳，时高适尚未出世。此前高嫃之生活，当

① 河南省文物研究所河南省洛阳地区文管处．千唐志斋藏志［M］．北京：文物出版社，1984：863.

② 河南省文物研究所河南省洛阳地区文管处．千唐志斋藏志［M］．北京：文物出版社，1984：1960.

③ 高适《秦中送李九赴越》诗云：“吴会独行客，山阴秋夜船。谢家征故事，禹穴访遗编。镜水君所忆，蓴羹余旧便。”（见孙钦善．高适集校注［M］．上海：上海古籍出版社，1983：212）《关郑侍御谪闽中》云：“谪去君无恨，闽中我旧过。大都秋雁少，只是夜猿多。东路云山合，南天瘴疠和。”（同上 213 页。）高适云“蓴羹予旧便”“闽中我旧过”，则为高适岭南生活之实证。然考其生平事迹，自长安求仕至作此诗时并无岭南之行，故知必作于其幼时隋父居岭南时。

在洛阳其父之私第，而高适之出生，亦在洛阳，其后因父仕宦于韶州长史故，随父迁至岭南，后其父亡，适又年幼，则再回洛阳之祖居，或投奔其姐，或受其族人照顾。从其“二十解书剑，西游长安城”（《别韦参军》）视之，则其青少年时受到良好的教育（此之于韶州，或以为不可），亦证明其少时之在于洛阳。

三、高适早期交游及诗文印证

高适20岁时西游长安求仕，失意而归，便客居于梁宋。从其早期诗文来看，并无回洛阳之记载。但在其早期交游中，却有洛阳之亲友，颇令人费解。唯一的解释便是：这些亲友是高适在入长安之前在洛阳所结交。

《题李别驾壁》为其在梁宋早期所作，其诗中云：“去乡不远逢知己，握手相欢得如此。”此处“乡”所指为何？祖咏《酬汴州李别驾》诗云：“自洛非才子，游梁得主人。”《唐才子传》云：“咏，洛阳人。”上述二诗写作时间颇近，所写之李别驾当为同一人。观二诗之意，当为高适开元七年游长安失意而归后不久所作，其“去乡不远逢知己”之“乡”，则明显寓言洛阳，此其一。又高适有《酬庞十兵曹》诗云：“忆昔游京华，自言生羽翼。怀书访知己，末路空相识。许国不成名，还家有惭色……同人洛阳至，问我睢水北。遂尔款津涯，净然见胸臆。高谈悬物象，逸韵投翰墨……梁城多古意，携手共悽恻。怀贤想邹枚，登高思荆棘。酬赠感并深，离忧岂终极。”从诗中所写来看，高庞二人交情颇深，不似初交。从诗写作时间来看，诗首忆游长安失意之经历，并言：“许国不成名，还家有惭色”句点明自己不肯回乡之缘由，则为初寓于梁宋时所作。诗言："同人洛阳至，问我睢水北"，则二人初识之处何在？考高适之行踪，其客居梁宋之后，并无洛阳之行，若其籍里不在洛阳，而又何得以识庞十兵曹？故其与庞氏初识之地即在洛阳，其时则在高适未游长安之前，此其二。又高适有《别参军》诗云："二十解书剑，西游长安城。举头望君门，屈指取公卿。国风冲融迈三五，朝廷欢乐弥寰宇。白璧皆言赐近臣，布衣不得干明主。归来洛阳无负郭，东过梁宋非吾土。"诗中所言，为首游长安之经历，充满对时事之揭露，对自身遭遇之不平。其中"归来洛阳无负郭"句，历来注家多以其用苏秦之典。按《史记·苏秦列传》载：洛阳人苏秦少贫而好学，发愤读书，外出游说，结果却是"大困而归"，迫于无奈回乡后，"兄弟嫂妹妻妾皆窃笑之"。其后苏秦更加发愤读书，后游说于山东六国，主张合纵以抗强秦，连佩六国相印衣锦还乡，荣归故里，"苏秦之昆弟妻嫂侧目不敢仰视，俯伏侍取食"。在感慨世态炎凉之余，苏秦叹曰："且使我有洛阳负郭田二顷，吾岂能佩六国相印乎？"若以此解以释高适求仕失败不回故里之原因，亦可通。但若以"归来洛阳无负郭，东过梁宋非吾土"整句观之，"洛阳"与"梁宋"相对，以真实地名理解亦可。细味二句之意，高适已将其籍里在洛阳之意暗寓其中。他在运用典故解释其不回籍里的原因的同时，又委婉地表达出了其籍里即在洛阳之意。

综上种种，笔者认为：河南高氏之形成，为高适里籍在洛阳之前提条件。高适家族诸人之墓志则证明，高适一族之族址在洛阳，其祖葬亦在洛阳，此为高适为里籍在洛阳之客观条件。而通过对高适宋中寓居前期交游情况之诗文考述，则为高适里籍在洛阳作了直接证明。

李白佛教诗歌略说

有关李白的信仰，前人论之甚多，多认为其思想以儒、道教为主，其追求功名，仰慕六朝，其诗风之飘逸清新，也多得之于道教之影响。诚然，李白作为唐代诗人的代表，主要生活于盛唐时期，而中国文化之儒、释、道三家思想，于其时莫不盛行于世。唐代统治阶级对三教思想，虽不同君主有不同之主张，但通观唐代文化发展，亦可看出唐代统治阶级乃持自由发展的文化政策。李白作为当时社会一代表人物，出入三教之中，受其影响，乃其本来之事。本文仅就李白诗歌中的佛教思想略作陈说。

佛教自两汉之际传入中土，历经数百年之激荡，渐由一种外来文化融化成为中华文化的有机组成部分，成为影响中国人生命观念和生存形态的三大主流文化之一。佛教与中国文化的完全融合，在唐代已呈现无疑，唐代诗人多出入于儒、道、释，于三种文化间虽各有取舍，而三种文化又往往和谐地共存于一身之中，大诗人李白身上这个特点就很突出。李白作为盛唐诗人的代表，其深受儒道思想的影响，前人论之甚多，本文仅就李白诗文，将其佛教思想之特点略申一二，并见教于方家。

现存李白诗文中释家题材的作品有53首（篇），内容亦大致可分为三类：与僧人往还之作、与友人来往于僧舍之作以及诗歌中流露出佛教思想的作品等。当然，通过对李白人生踪迹的考察，可以看出其佛教思想变化的过程。本文仅就李白诗文中佛教思想颇为突出的几篇进行分析，以期对其佛教思想略呈拙见。

对于佛教，李白亦曾自诩到："青莲居士谪仙人，酒肆藏名三十春。湖州司马何须问，金粟如来是后身。"。①（李白《答湖州伽叶司马问白是何人》）。关于此诗的写作时间，詹锳先生云：

薛仲邕谱系此诗开元十六年下。王谱开元十八年注云："《答湖州迦叶司马》诗云：'青莲居士谪仙人，酒肆藏名三十春。'恐是长安遇贺监以后之称，故有谪仙人之称。其曰三十春者，是言放浪酒中约三十年，非谓是时年甫三十也。"开元十三年，白二十五岁出游襄、汉。倘以'酒隐安陆'之年计起，则三十春为五十六七岁，适在至德元载左右。按是年春间自宣城避地剡中，此诗盖途径湖州时作也。②

按此李白写作此诗时已年涉晚岁③，对自己的信仰颇为自得。且此诗中引用了两个佛教词语，一个为青莲居士，一个为金粟如来。王琦在《李太白年谱》"长安元年"条注释道："青莲花出西竺，梵语谓之优钵罗花，清净香洁，不染纤尘。太白自号，疑取此义。《眉公秘笈》谓其生于彰明之青莲乡，顾号青莲。按：青莲乡在绵州旧彰明县内，《彰明

① 瞿蜕园，朱金城校注．李白集校注［M］．上海：上海古籍出版社，1980：1098.
② 詹锳．李白诗文系年［M］．北京：人民文学出版社，1984：111.
③ 有关李白的生卒年，本人遵从詹锳先生李白系年之701—762年。

逸事》原作清廉乡，疑后人因太白生于此，故易其字作青莲耳。谓太白因此而取号，恐未是。”①

按居士，乃泛指佛教中在家修道的男性。王琦②考莲花乃梵语之优钵罗花，清净香洁，不染纤尘，在佛教中，青莲是莲花中的最上品。《杂阿含经》卷第四云：“一切水生华中，青莲华第一。”《大智度论》卷二十七亦云：“一切莲华中，青莲为第一。”因此佛典中常以之象征清静的理念和本性。③ 而检索李白诗文中“青莲”一词于凡七见，除前引二诗外，又见《庐山东林寺夜怀》：“我寻青莲宇，独往谢城阙。”《僧伽歌》：“戒得长天秋月明，心如世上青莲色。”《与元丹丘方城寺谈玄作》：“怡然青莲宫，永愿恣游眺。”《陪族叔当涂宰游化城寺升公清风亭》：“了见水中月，青莲出尘埃。”这些诗句都确凿无疑地体现出诗人对“青莲”之佛家寓意的青睐。而“青莲居士”之称于李诗中凡两见，另一次见其《答族侄僧中孚赠玉泉仙人掌茶并序》中。

而另一佛教词语金粟如来，王琦注曰：“《五色线》：《净名经义

---

① （唐）李白著（清）王琦注．李太白全集［M］．北京：中华书局，1977：1574.

② 王琦乃乾隆时著名学者，于佛教多有研究，不仅注释了李白诗文，还帮助赵殿成注释《王右丞集》中的佛典。

③ 唐代大诗人岑参亦曾有《优钵罗花歌　并序》：参尝读佛经，闻有优钵罗花，目所未见。天宝景申岁，参忝大理评事，摄监察御史，领伊西北庭支度副使。自公多暇，乃于府庭内栽树种药，为山凿池，婆娑乎其间，足以寄傲。交河小吏有献此花者，云得之于天山之南。其状异于众草，势笼嵸如冠弁；嶷然上耸，生不旁引；攒花中拆，骈叶外包；异香腾风，秀色媚景。因赏而叹曰：‘尔不生于中土，僻在遐裔，使牡丹价重，芙蓉誉高，惜哉！’因感而为歌，歌曰：白山南，赤山北，其间有花人不识，绿茎碧叶好颜色。叶六瓣，花九房。夜掩朝开多异香，何不生彼中国兮生西方？移根在庭，媚我公堂。耻与众草之为伍，何亭亭而独芳！何不为人之所赏兮，深山穷谷委严霜。吾窃悲阳关道路长，曾不得献于君王。见侯忠义，陈铁民校注．岑参集校注［M］．上海：上海古籍出版社，2004：213.

钞》：梵语维摩诘，此云净名……过去成佛，号金粟如来。”①

按维摩诘即维摩诘居士，《维摩诘所说经·方便品第二》：“尔时毗耶离大城中有长者，名维摩诘，已曾供养无量诸佛。”② 诗中李白自称自己后身当为金粟如来，即自诩为善辩之佛教居士维摩诘的前世本生。李白将佛教中极为推崇的青莲花作为自己居士的号，又标榜自己为善辩的维摩诘居士的前身，足见其对维摩诘居士乃至佛教的推崇和自豪。

李白作为盛唐诗歌的代表，风格壮浪恣肆，其一生历经跌宕起伏，李白本人也是盛唐人格的代表，他热爱生活，爱好广泛，多方面学习。对佛教，李白也曾认真学习过。《赠僧崖公》一诗即忆及其学佛的经历：“昔在朗陵东，学禅白眉空。大地了镜彻，回旋寄轮风。揽彼造化力，持为我神通。晚谒太山君，亲见日没云。中夜卧山月，拂衣逃人群。授余金仙道，旷劫未始闻。冥机发天光，独朗谢垢氛。虚舟不系物，观化游江濆。江濆遇同声，道崖乃僧英。说法动海岳，游方化公卿……”③ “镜彻”，瞿蜕园、朱金城注曰：“《华严经》：观诸世间大地山河如镜鉴明，来无所粘，过无踪迹。”④ “轮风”，王琦注云：“《法苑珠林》：依《华严经》云：三千大千世界，以无量因缘乃成，且如大地依

① （唐）李白著（清）王琦注．李太白全集［M］．北京：中华书局，1977：876.

② 维摩诘是音译，又译为维摩罗诘，或简称为维摩。根据《维摩诘经》记载，维摩居士化生于娑婆世界，示居士相，是毘舍离城中的一名富商长者。他奉行菩萨道，善权方便。往来于社会各阶层，强调“烦恼即菩提，不离生死而住涅槃”的不二法门。他辩才无碍，慈悲方便。经中描述维摩居士“虽处居家，不著三界；示有妻子，常修梵行”，是佛教居士的典范。本经由［三国·吴］支谦译出后，即在我国盛行，历代译本多达七种，以鸠摩罗什所译流通最广。这部经共两万五千言，文学艺术价值非常高，同时，此经后来成为在家居士奉为圭臬的修行宝典。

③ 瞿蜕园，朱金城校注．李白集校注［M］．上海：上海古籍出版，1980：698.

④ 瞿蜕园，朱金城校注．李白集校注［M］．上海：上海古籍出版，1980：699.

水轮，水依风轮，风依空轮。空无所依，然众生业感，世界安住。故《智度论》云：三千大千世界，皆以风轮为基。[①] 李白早年跟从朗陵白眉法师学习佛学，后来在山东泰安遇到太山君，又去学习佛理。可见，李白不是如当时很多普通唐人，只是简单地知道一些佛教知识，李白于佛典是做过认真研习的，跟不同的高僧进行过学习，因此关于他的佛学修为是需要认真研究的。

其《与元丹丘方城寺谈玄作》云："茫茫大梦中，惟我独先觉。腾转风火来，假合作容貌。灭除昏疑尽，领略入精要。澄虑观此身，因得通寂照。朗悟前后际，始知金仙妙。幸逢禅居人，酌玉坐相召。彼我俱若丧，云山岂殊调？清风生虚空；明月见谈笑。怡然青莲宫，永愿恣游眺。"[②] 李白对佛教经过认真学习，此诗叙述了自己与友人元丹丘在寺庙谈论佛教的一次经历。元丹丘是李白一生中一位重要的朋友，信仰道教，李白诗歌中多次提到他，并专门为他写了一首《元丹丘歌》："元丹丘，爱神仙。朝饮颍川之清流，暮还嵩岑之紫烟。三十六峰常周旋。长周旋，蹑星虹。身骑飞龙耳生风，横河跨海与天通。我知尔游心无穷。"[③] 此处虽与道友相会，但身处佛寺，此诗还是从正面论述了自己对佛教玄理的认识。[④] 佛教认为世间一切都是虚幻不实的，犹如梦幻。[⑤] 因此，李白也从佛理出发认为人生犹如一场大梦，而自己经过学习终于如觉者一样领会到了其中的奥义。世间的一切乃由地、水、火、风四大

---

① （唐）李白著（清）王琦注．李太白全集［M］．北京：中华书局，1977：543.
② 瞿蜕园，朱金城校注．李白集校注［M］．上海：上海古籍出版，1980：1325.
③ 瞿蜕园，朱金城校注．李白集校注［M］．上海：上海古籍出版，1980：492.
④ 佛教初传中国时，被认为是当时道教之一种，因此谈论佛教也常被称为谈玄。
⑤ 《金刚经》云：一切有为法，如梦幻泡影，如露亦如电，应作如是观。

合和而成，不过暂时展现出这样那样的面貌，其实并无实性。只有学习佛教，灭除了种种因无明惑业产生的疑惑，才能了悟佛法的精要之处；“澄虑”四句认为，从佛教空观思想出发，澄心静虑反观自身，就能洞澈一切，才会领教佛教的妙义。在寺院远眺白云和山峰，物我两忘，真正达到了沉醉其中的美！李白此诗，正面论述自己学佛的收获，虽离佛教义理尚有一定的差距，但他对自己学佛后对世间的认识，也反映出佛教在其思想中的影响。

对于李白的这种思想，北宋葛立方在《韵语阳秋》对《赠僧崖公》论到：“李白跌荡不羁，钟情于花酒风月则有矣，而肯自缚于枯禅，则知淡泊之味贤于啖炙远矣。白始学于白眉空，得‘大地了镜彻，回旋寄轮风’之旨；中谒泰山君，得‘冥机发天光，独照谢世氛’之旨。晚见道崖，则此心豁然更无疑滞矣。所谓‘启开七窗牖，托宿掣电形’是也。后又有《谈玄》之作云：‘茫茫大梦中，惟我独先觉。腾转风火来，假合作容貌。问语前后际，始知金仙妙。’则所得于佛氏者益远矣。”①。葛氏就李白的佛学信仰，将其一生的佛教学习渐进过程从其三首诗歌看出，可谓是深层次了解李白信仰的人。

李白对佛教进行过专门的学习，因此他给当时一些高僧写铭赞就不是时人简单地仰慕其大名请他所为，而是大家对于他的佛学思想也颇为认同，如：《鲁郡叶和尚赞》云：“海英岳灵，诞彼开士。了身皆空，观月在水。如薪传火，朗澈生死。如云开天，廓然万里。寂灭为乐，江海而闲。逆旅形内，虚舟世间。邈彼崑阆，谁云可攀?”② 赞文中以佛

① 瞿蜕园，朱金城校注．李白集校注［M］．上海：上海古籍出版，1980：701.
② 瞿蜕园，朱金城校注．李白集校注［M］．上海：上海古籍出版，1980：1638.

教的空观思想高度赞扬了叶高僧的人生，也表达了自己对佛教的由衷赞叹。诗歌中连用多个佛典，如四大幻身、薪火、寂灭为乐、人生逆旅等，用在这位高僧身上就非常妥帖。如果不是对佛教能有如此之理解和精熟，是难以熟练地运用这些佛教典故的。① 类似的如《崇明寺佛顶尊胜陀罗尼幢颂并序》《地藏菩萨赞并序》等，以及他为化城寺新铸成的大钟做的铭文，在其序言及铭文中也表达了李白对佛教的景仰之情，与此类似。

通过对李白《答湖州伽叶司马问白是何人》《赠僧崖公》《与元丹丘方城寺谈玄作》以及他写作的几首佛教铭赞的解读，我们可以看出：李白作为唐代诗人的代表，其身上所反映的唐代文化是浓厚的。李白对一切充满幻想和好奇，因此他学习广泛，他对于当时流行的佛教是经过认真学习的，他的佛教知识是深厚的，他不仅能与高僧相往还，能为高僧写作铭赞，其诗歌中对佛教语词及思想的驾驭是相当熟稔的，他对佛教的理解是比较精熟和深刻的，他号“青莲居士”也是恰如其分的。因此，简单地评价他的佛教思想可能是需要反思的，他的佛教思想对于他的人生及诗歌创作的影响是需要认真思考的。

① 王琦对其都进行了注释，见《李太白全集》第 1338 页。而他为化城寺新铸成的大钟做铭文，在其序言及铭文中也表达了李白对佛教的景仰之情，与此类似。

旗亭画壁及相关问题考辨

旗亭画壁故事出自唐人薛用弱《集异记》之《王之涣》篇，因其出自于小说家之手，记叙手法颇具传奇色彩，又加之作者在记述此事时颇费苦心，故在其事件的真伪问题上，从古至今众说不一。或直指其为虚妄，不可信；或虽未明言，但在具体材料运用中则对其持存疑态度；或认为其乃真实记载了唐人之风雅韵事。由于上述诸多情况，笔者综合自己之拙见，认为此事还有旧事重提之必要，故对其加以辨证，以便我们更好地认识这一文坛佳话。为方便叙述，笔者先将其事迻录于下：

开元中，诗人王昌龄、高适、王之涣齐名，时风尘未偶，而游处略同。一日，天寒微雪。三诗人共诣旗亭，贳酒小饮。忽有梨园伶官十数人，登楼会宴。三诗人因避席隈映，拥炉以观焉。俄有妙妓四辈，寻续而至，奢华艳曳，都冶颇极。旋则奏乐，皆当时之名部也。昌龄等私相约曰："我辈各擅诗名，每不自定其甲乙，今者可以密观诸伶所讴，若诗入歌词之多者，则为优矣。"俄而一伶，拊节而唱曰："寒雨连江夜入吴，平明送客楚山孤。洛阳亲友如相问，一片冰心在玉壶。"昌龄则引手画壁曰："一绝句。"寻又一伶讴之曰："开箧泪沾臆，见君前日书。夜台何寂寞，犹是子云居。"适则引手画壁曰："一绝句。"寻又一伶讴曰："奉帚平明金殿开，强将团扇共徘徊。玉颜不及寒鸦色，犹带昭阳日影来。"昌龄则又引手画壁曰："二绝句。"之涣自以得名已久，因谓诸人曰，"此辈皆潦倒乐官，所唱皆《巴人下里》之词耳；岂《阳春白雪》之曲，俗物敢近哉?"因指诸妓之中最佳者曰："待此子所唱，如非我诗，吾即终身不敢与子争衡矣。脱是吾诗，子等当须列拜床下，奉吾为师。"因欢笑而俟之。须臾次至双鬟发声，则曰："黄河远上白云间，一片孤城万仞山。羌笛何须怨杨柳，春风不度玉门关。"之涣即揶歈二子曰："田舍奴，我岂妄哉!"因大谐笑。诸伶不喻其故，皆起诣曰："不知诸郎君何此欢噱?"昌龄等因话其事。诸伶竟拜曰："俗眼不识神仙，乞降清重，俯就筵席。"三子从之，饮醉竟日。①

此风流韵事，确极尽唐人歌诗传播实情。最早对此事进行辨别的，当属明胡应麟。胡应麟在其《少室山房笔丛·庄岳委谈下》中云："唐妓女歌曲酒楼，恍惚与今俗类。薛用弱所记王昌龄、之涣、高适豪饮事，词有或间用之。考其故实，实为可笑。适年五十始为诗，藉酣燕狭斜，必当年少，何缘得以诗句与二王决赌？一也。又令适学诗后，则是时龙标业为闾丘晓害，无缘复与高狎，二也。乐天郑胪墓志第言昌龄之涣更唱迭和，绝不及高。高集亦无与之涣诗，三也。举此一端，即他悉诬妄可见。"②"他悉诬妄可见"所指什么，胡氏并未实言，我们亦无由得知，然胡氏所罗列之三事，实值得推敲。胡氏首言"适年五十始为诗"说实有误。所谓高适"年五十始为诗"，其实并非胡氏首言。首提

① 张友鹤．唐宋传奇选［M］．北京：人民文学出版社，1997：194－195.

② （清）纪昀等．四库全书［M］．上海：上海古籍出版社，2014：438.

此论者，为后晋刘昫之《旧唐书》，其《高适传》中云："年过五十，始留意诗什，数年之间，体格渐变，以气质自高，每吟一篇，为好事者称诵。"① 故宋欧阳修、宋祁等修《新唐书》时仍延其旧，《新唐书》本传中云："（高适）年五十始为诗，即工，以气质自高。每一篇已，好事者辄传布。"② 欧阳修等唯将《旧唐书》相关记载去一"过"字，为"年五十始为诗"。后世之学者，多以因袭。如宋计有功《唐诗记事》卷二十三云："年五十，始为诗。"元辛文房《唐才子传》中对此说变本加厉，竟云："年五十始学为诗。"因此，到明胡应麟所言"年五十始为诗"也就不足为怪了。然高适学诗之经历果真如此吗？

现在关于高适诗集的注本有二：一为刘开扬先生的《高适诗集编年笺注》，另一个为孙钦善先生的《高适集校注》。刘注中共收高适诗253 首，其中刘先生认为集中有伪诗 9 首，故除去伪诗高适共有诗 244 首。至任封丘尉前有诗 151 首，约占全诗的 62%。孙注中共收高适诗254 首，除去孙先生认为的伪诗 6 首，则高适共有诗 248 首。而至高适任封丘尉前则有诗 160 首，约占总诗的 65%。为何要以任封丘尉为高适诗歌的分期呢？笔者认为：其一，关于诗歌的编年，有些是很难确定其确切创作时间的，而高适任封丘尉的时间则是确定的，故以它为分界点。其二，根据周勋初先生的《高适年谱》，高适生于久视元年（700 年），至天宝八载（749 年）正好为五十岁，时高适被"睢阳太守张九皋举荐有道科。三伏时至长安，受封丘县尉"，"秋初过洛阳，秋凉时

① （五代）刘昫等．旧唐书［M］．北京：中华书局，1975：3328.
② （宋）欧阳修，宋祁．新唐书［M］．北京：中华书局，1975：4681.

至封丘任职。”① 即与两唐书中的五十相应。其诗歌编年虽各家年谱有出入之处，但差别不是很大。毫无疑问，宋中三十年为高适一生中的创作高峰期，不仅其诗歌数量远远超过前期，从其质量而言，也远非前期所能比。通过上面数据统计的分析，可见两唐书中“五十始为诗”之说不妥。

《河岳英灵集》为唐人殷璠所编唐诗选本，入选诗人之诗皆为开元、天宝年间所作。关于诗集所收诗人诗歌的起始年限，殷璠在《河岳英灵集序》中云：“诗二百三十四首，分为上下卷。”② 起甲寅，终癸巳。甲寅为开元二年（714 年），癸巳为天宝十二载（753 年）。关于编选此书的目的，殷璠在序言中说：“且大同至于天宝，把笔者近千人，除势要及贿赂者，中间灼然可尚者，五分无二，岂得逢诗辑纂，往往盈帙。盖身后立节，当无诡随，其应诠拣不精，玉石相混，致令众口销铄，为知音所痛……璠不揆，窃尝好事，愿删略群才，赞圣朝之美，爰因退迹，得遂宿心。粤若王维、昌龄、储光羲等二十四人，皆河岳英灵也，此集便以《河岳英灵集》为号。”③ 据此，殷璠当时所选之诗，皆为当时诗之精品，符合他“声律风骨”的审美标准，从中亦可窥见唐开元、天宝年间诗人的诗歌创作成就大小及诗歌流传接受程度。其所选 24 人，230 首（现存）诗中，王昌龄为最多，多达 16 首，其次为王维和常建（15 首），再为李颀（14 首），第四为高适、李白、崔国辅（13 首）。所选高适诗中包括《哭单父梁九少府》《九日酬少府》《送韦参

---

① 周勋初．周勋初文集［C］．南京：江苏古籍出版社，2000：45 – 47.
② 傅璇琮，陈尚君，徐俊．唐人选唐诗新编［M］．北京：中华书局，2014：152.
③ 傅璇琮，陈尚君，徐俊．唐人选唐诗新编［M］．北京：中华书局，2014：156.

军》《封丘作》《燕歌行并序》《塞上闻笛》《营州歌》等至今广为传颂的名作。其中除《封丘作》为天宝八载所作之外，其余都为天宝八载前所作。可见高适在开元、天宝年间诗坛上是占有一席之地的。

胡应麟云："令适学诗后，则是时龙标业为闾丘晓所害，无缘复与高狎也。"关于王昌龄被闾丘晓所害之过程，文后还要详述，暂不多论。但王昌龄被害之时间，乃在至德二载（757 年），与开元中几近二十载，此二十年中，安可言高适无缘与王昌龄相狎狭？其三云："乐天郑胪墓志第言昌龄之涣更唱迭和，绝不及高，高集亦无与之涣诗。"此论亦误。高适开元二十一年（733 年）出塞后即将南返，于蓟北访王之涣、郭密之不遇，留有《蓟门不遇王之涣郭密之因以留赠》诗，即是证明。又高适集中有《塞上听吹笛》一诗，此诗题《国秀集》亦作《和王七玉门关上吹笛》，经岑仲勉先生在《唐人行第录》中考证，此诗为王之涣《凉州词》之和作。胡氏所言高、王之间无赠诗亦不能成立。

既然胡氏之说站不住脚，则旗亭画壁事为真耶？笔者以为不然。旗亭画壁事真伪之关键，在于事中歌妓所唱诗之创作时间，即是否作于唐开元年间（735—738 年），确切地说应为开元二十三年至二十六年间，因此时三人均有会面于长安的可能（详见后述）。其中最令人生疑者，即歌妓所唱王昌龄之《芙蓉楼送辛渐》一诗，此也为解开旗亭画壁事真伪之关键所在。从诗题中看，此诗写作地点为芙蓉楼。关于芙蓉楼，唐李吉甫所撰《元和郡县图志》"江南道·润州"中云："（润州）其城吴初筑也，晋王恭为刺史，改创西南楼名万岁楼，西北楼名芙蓉楼。”① 据闻一多先生所著《唐诗杂论·岑嘉州系年考证》及傅璇琮先生《唐代诗人丛考·王昌龄事迹考略》等书，王昌龄开元二十六年（738 年）因事获罪，被贬岭南，开元二十七年（739 年）遇赦北还，开元二十八年（740 年）冬被授以江宁丞，离职赴京。而对《芙蓉楼送辛渐》诗题诗意及创作地点等因素加以综合考察，则此诗作于王昌龄任江宁尉时无疑，时间则为开元二十九年（741 年）春夏以后。据唐靳能所作《唐故文安郡文安县尉王府君墓志铭并序》（以下简称《王志》，全文见参考文献②），王之涣卒于天宝元年（742 年）二月十四日，其补为文安郡文安县尉时间则为天宝元年（742 年），而高适自开元二十六年（738 年）离长安，归宋中。开元二十七年（739 年）至汶上，与杜甫定交。开元二十八年（740 年）游相州，并于开元二十九年（741 年）寓居淇上，再无回长安之机。若旗亭画壁事为真实，当在开元二十三年（735 年）至开元二十六年（736 年）间，然此时王昌龄之《芙蓉楼送辛渐》诗尚未做出，何得传唱？若为其后，则三人再无聚首长安之机，而王之涣旬后即卒，更为不可能，故旗亭事为假无疑。

既知此事为假，薛用弱何以要虚构此事，并致使后人信以为真？盛唐诗人众多，何单取王之涣、王昌龄、高适三人为主人公虚构此事？除唐人多好奇之外，还有没有其他原因？笔者认为值得探讨。

---

① （唐）李吉甫．元和郡县图志［M］．北京：中华书局，1983：590.

② 李希泌．盛唐诗人王之涣家世与事迹考［J］．晋阳学刊，1988（3）：97－103.

一、旗亭画壁故事本身的考察

薛用弱记述此事并使人信以为真的原因，首先我们应该从故事本身来进行考察。文中首句所言“开元中，诗人王昌龄、高适、王之涣齐名，时风尘未偶，而游处略同”给我们所提示的信息具有极大的迷惑性。

首先说说时间——开元中。开元中为一个相对模糊的概念，云开元中，为故事的开展提供了极大的可能性。据周勋初之《高适年谱》，高适开元二十三年（735 年）入长安应试，开元二十六年（738 年）回到宋中，在长安入居几近四年的时间。据唐靳能所作《王志》看，高适开元十四年（726 年）因遭人交谮，拂衣去官后，“夹河数千里，其籍高风；在家十五年，食其旧德”①，也就是说在开元十四年（726 年）至开元二十九年（741 年）这 15 年的时间里，王之涣居家。其间游长安亦属正常之事。王昌龄开元二十二（734 年）应博学宏词科登第后，改授河南道汜水县尉，直到开元二十六年（738 年）因病获罪，被贬岭南，此时王昌龄在长安亦可讲通。故薛氏将故事发生的时间笼统地定在开元中，就给此事的发生以极大的真实性。

次言“王昌龄、高适、王之涣齐名，时风尘未偶，而游处略同”，亦为旗亭事类真而惑人之处。“齐名”之谓，王昌龄、王之涣自不待言，尚需言明者，唯有高适。因受新旧唐书及相关资料的影响，认为高适成名较晚，此说亦不能成立，前文在对高适“年五十始为诗”的驳

① 李希泌．盛唐诗人王之涣家世与事迹考［J］．晋阳学刊，1988（3）：97－103.

论中已经证实。“风尘未偶”“游处略同”句，也可谓是无可挑剔。高适自开元七年（719年）游长安失败后，一直寓居于梁宋，生活是很贫困的。两唐书本传言其“以求丐取给”（此说虽有值得商榷之处，但也不失为对高适真实生活的一个侧面反映）。高适在其诗文之中也是每以苏秦未遇蔡泽棲迟自喻，言“兔苑为农岁不登，雁池垂钓心长苦”（《别韦参军》），亦可作为此段生活的真实反映。王之涣曾任衡水主簿，关于其为官之原因，马茂元在《关于王之涣的生平》一文中写道：“他之所以就任这微不足道的主簿的职位，从《墓志》（此墓志为《唐故文安郡文安县尉王府君墓志铭》）中用的‘毛义捧檄’‘陶潜屈腰’两个典故看来，当是为贫而仕的。大概祖先所遗留的一点家产，到王之涣手里，在‘击剑悲歌，从禽纵酒’的豪侠生活中，都已倾荡殆尽。于是他‘未及壮年’就不得不觅食风尘，一行作吏了。”① 县尉主簿不遂其愿，这也难怪诗人在“人交构”后就辞职罢官了。此后的十五年时间里，诗人过的一直都是居家漫游的生活，无职于身，当然也就“风尘未偶”了。王昌龄仕前生活也是很不得意，很困顿的。他在《上李侍郎书》中写道：“昌龄久于贫贱，是以多知危苦之事……昌龄岂不解值身青山，俯饮白水，饱于道义，然后谒王公大人，以希大遇哉？每思力养不给，则不觉独立流涕，啜菽负米，惟公念之。”② 开元十五年（727年），王昌龄擢进士第，被授以秘书省校书郎。秘书省校书郎官阶为正九品上，亦为一小官，“望虽清雅，实非要职”，《太平广记》卷一百八十七《两京记》中甚至认为是官员的养病所在，自然也就不属于达者

① 马茂元. 关于王之涣的生平［J］. 江海学刊，1962（7）：41－42.

② （清）董诰等. 全唐文［M］. 北京：中华书局，1983：3353.

了。因此，开元二十二年（734 年），王昌龄又应博学宏词科登第，被授以汜水尉。由此看来，王昌龄虽较高适、王之涣幸运，两次为官，两次登第，但官微职小，自是“风尘未偶”了。高适一次入京求仕，其后寓居梁宋，开元十九年（731 年）出东北边塞，未遇而归。王之涣则曾任冀州衡水主簿，从高适的《蓟门不遇王之涣郭密之因以留赠》一诗中亦可证明王氏曾在此前后亦在蓟门一带游历，其后则是一直闲居。王昌龄出仕前，亦曾出塞。约开元十一年（723 年）前后，王昌龄盘桓于潞州和并州，其后数年间，又漫游西北河、陇边塞，过萧关、临洮、玉门关，足迹亦曾远踄葱岭以西的碎叶一带，其《塞下曲四首》《从军行七首》即作于此时。登第后虽曾两度为官，但他们的遭遇总体是差不多的。因此，单从薛氏文中所提供的信息来看，是没有问题可寻的，这恰恰也是此事迷惑学者的地方。

二、故事外的原因考察

除了薛氏文中所言之外，笔者认为还有以下几个原因，使得作者把其三人组合在一起。

(一) 性格气质的相近

在高适、王之涣、王昌龄三人的性格特征中，有着许多相似的地方。他们身上共同拥有着盛唐诗人豪迈的气质。

首言王之涣。与王之涣有着僚属关系的靳能对王之涣有着极为深刻的理解。他在《王志》中写道：“……气高□时，量过于众。异毛义捧檄之色，悲不逮采，均陶潜屈腰之耻，□于解印……惟公孝闻于家，义闻于友，慷慨有大略，倜傥有异才。”① 自是豪放中人。《河岳英灵集》卷上高适小传中云：“适性拓落，不拘小节，耻遇常科，隐迹博徒，才名自远。”②《旧唐书》本传言高适则是：“适喜言王霸大略，务功名，尚节义。逢时多难，以安危为己任。”③ 从中可见，高适也是一个豪放大气不拘小节之人。王昌龄生平资料中直言其性格者不多。但我们从王氏的诗中却能明显感受到王昌龄身上固有的豪侠之气。王昌龄被贬龙标尉，《唐才子传》中言其实是：“后以不护细行，贬龙标尉。”④（两唐书王昌龄传所言略同）此事之具体原因虽不可考，但从“不护细行”四字之中，我们仍能感受到王昌龄是一个不拘小节、不落俗套的豪放之人。他们三人性格上的相近成为薛用弱虚构旗亭画壁故事的一个契合点，薛氏在故事中给予了尽情发挥。如薛文中“之涣即揶揄二子曰：田舍奴，我岂妄哉！因大谐笑……三子从之，饮醉竟日”即是。

（二）诗歌创作上的共同点——边塞诗创作

王昌龄、王之涣、高适三人闻名于盛唐诗坛，其中重要的一个原因就是他们的边塞诗创作。作为边塞诗人，他们又与李白等所描写的想象中的边塞不同，他们都亲历边塞，对边塞生活有着切身的感受，并把其切身感受融入诗歌创作之中，便显得意境高远、感人至深。这点在《河岳英灵集》中得到了证明。与王之涣同时代的诗歌评论家殷璠更是给其极高的评价。其在王昌龄诗前的小序中写道：“元嘉以还，四百年内，曹、刘、陆、谢，风骨顿尽。顷有太原王昌龄、鲁国储光羲，颇从

---

① 李希泌．盛唐诗人王之涣家世与事迹考［J］．晋阳学刊，1988（3）：97－103.

② 傅璇琮，陈尚君，徐俊．唐人选唐诗新编［M］．北京：中华书局，2014：209.

③（五代）刘昫等．旧唐书［M］．北京：中华书局，1975：3331.

④ 傅璇琮．唐才子传校笺［M］．北京：中华书局，1987：256.

厥迹。且两贤气同体别，而王稍声峻。”① 并把其列为河岳英灵，举为“风骨”的代表，所收王昌龄之诗，亦为最多，共计 16 首，其中包括他的《从军行》《望临洮》等著名的边塞诗作。王之涣虽存诗不多，仅6 首，但这 6 首诗足以奠定其在边塞诗坛进而盛唐诗坛上的地位。其《凉州词》二首更是千古传唱之佳句。高适之《营州歌》《燕歌行》等名作亦在开元中诞生，并为人们所喜爱。诚如殷璠所云：“至如《燕歌行》诸篇，甚有佳句，且余所爱者，‘未知肝胆向谁是，令人却忆平原君。’”② 三人同为边塞诗人，又可作为“风骨”的代表之一，这也难怪薛用弱将他们撮合在一起了。

（三）三人间交游的考察

作为盛唐边塞诗人，相近的性格，相近的遭际，相近的诗歌创作，众多的相似点契合在一起，使他们间的共同语言多了起来，这也为三人间交游唱和奠定了思想基础。以前学者对其诗歌关注较多，而对他们间交游的考察却略显不足。高适与王之涣的交游，首先要从高适赠王之涣的《蓟门不遇》诗谈起。开元十九年（731 年），在东北部唐王朝和奚及契丹间的战争早已开始，沉隐于宋州的高适以为此时时机成熟，自己从军报国、建功立业的机会已经来临，便毅然“单车入燕赵”，开始了他的第一次边塞生活。但来到边塞前线，多番投谒不中后，心灰意冷的诗人便决定回到宋中。在即将南返之时，高适访故友王之涣郭密之不遇，遂留诗以相赠，诗云：“贤交不可见，吾愿终难说。迢递千里游，

① 殷璠．河岳英灵集//傅璇琮．唐人选唐诗新编［M］．西安：陕西人民教育出版社，1996：182.

② 殷璠．河岳英灵集//傅璇琮．唐人选唐诗新编［M］．西安：陕西人民教育出版社，1996：152.

羁离十年别。”从“十年”视之，高适与王之涣相识之时应在十年之前，也就是开元十一年（723 年）左右高适寓居于宋中之时。但据李希泌在《盛唐诗人王之涣事迹与家世考》一文考证，“开元十年（722）王之涣与勃海李氏结婚，李氏乃冀州衡水县令李涤第三女。之涣年三十五，李氏年十八。”① 然衡水与宋中宋城距离尚远，王之涣又刚新婚，此次交游是王南下或高北上，具体情况已不可考，或在是年前后也为可能。从“贤交不可见，吾愿终难说”句观之，称“贤交”，不见友人则“吾愿终难说”，则见其以前交情匪浅，亦可证明开元十年（722 年）左右之交游实是属实。此次相访不遇之后，高适与王之涣当有再次相见之机。如前所述，王之涣的《凉州词》其一与高适的和诗《和王七玉门关听吹笛》可为佐证，但苦于材料缺乏，此诗及和诗为何时何地所作已难确考。大致来讲，王诗或作于“在家十五年”外出游历时作，高诗当作于开元中出塞归来前后几年，为开元二十一年（733 年）后为多。

王昌龄与高适之交游，更无从稽考。但笔者认为，张稿杀闾丘晓之事，当与高适有关。此事先从王昌龄被害叙起。王昌龄被害之事，《新唐书·王昌龄传》载：“昌龄字少伯，江宁人。第进士，补秘书郎。又中宏辞，适汜水县尉。不护细行，贬龙标尉。以世乱还乡里，为刺史闾丘晓所杀。张镐按军河南，兵大集，晓最后期，将戮之，辞曰：‘有亲，乞贷余命。’镐曰：‘王昌龄之亲欲谁养？’晓默然。”②《旧唐书·

① 李希泌．盛唐诗人王之涣家世与事迹考［J］．晋阳学刊，1988（3）：97－103.

② （宋）欧阳修，宋祁．新唐书［M］．北京：中华书局，1975：5780.

王昌龄传》未说其原因，只以“不护细行，屡见贬斥，卒”① 几字带过。而闾丘晓被杀之事，《旧唐书·张镐传》云：“时方兴军戎，帝注意将帅，以镐有文武才，寻命兼河南节度使，持节都统淮南等道诸军事。镐既发，会张巡宋州围急，倍道兼进，传檄濠州刺史闾丘晓引兵出救。晓素愎戾，驭下少恩，好独任己。及镐信至，略无禀命，又虑兵败，祸及于己，遂逗留不进。镐至淮口，宋州已陷，镐怒晓，即杖杀之。”②《新唐书》所载，与之略同。从上述材料观之，闾丘晓被害是咎由自取，似乎与高适无丝毫关系，但其实不然。闾丘晓被杀前之官职，为濠州刺史，濠州在淮南，时高适任职为扬州大督府长史、淮南节度使，濠州刺史则在淮南节度使之统兵管辖之下。张镐时为河南节度使，“率浙东李希言、浙西司空袭礼、淮南高适、青州邓景山四节度持掎角救睢阳。”③ 从三者关系视之，张镐为高适之直接上属，高适则为闾丘晓之直接上属，张镐和闾丘晓间有一高适。而时高适亦曾发兵救睢阳，并赠诗文与张叔冀、贺兰进明，对其二人间关系进行调解，消除猜忌，共救睢阳。遗憾的是，此事未能取得预期的效果。高适在其《罢职还京次睢阳祭张巡许远文》及《酬河南节度使贺兰大夫见赠之作》中表述甚明。且睢阳为高适生活近三十年之地，自是不忍其陷于乱军之手。故闾丘晓的被杀，与高适是脱不了干系的。高适在此前与王昌龄是否有过交游，史无明载，但笔者猜测，当是有的。而观张镐之言，除其公事之外，闾丘晓被杀确有为王昌龄申冤之意。高适与王昌龄同为边塞诗人

① （五）刘昫等．旧唐书［M］．北京：中华书局，1975：5050.
② （五）刘昫等．旧唐书［M］．北京：中华书局，1975：3327.
③ （宋）欧阳修，宋祁．新唐书［M］．北京：中华书局，1975：5540.

的代表，王昌龄与王之涣交情甚洽，高适与王之涣感情亦笃，不可能对王昌龄一无所知。王昌龄被害，高适心中自是悲痛。且其被害后，又值闾丘晓在救睢阳问题上犯错，高适趁机为王昌龄雪冤，亦可讲通，不可对其予以全盘否定。唐范摅《云溪友议》卷上《严黄门》云："或谓章仇大夫兼琼为陈拾遗雪狱，高适侍御与王江宁申冤，当时同为义士也。"① 前事虽有不确之处，但四库馆臣在《四库提要》卷一百四十子部五十《云溪友议》提要中所云："杀王昌龄者闾邱晓，杀闾邱晓者张镐，与高适亦不相关。乃云章仇大夫兼琼为陈拾遗雪狱，高适侍郎为王江宁申冤，殊不可解。"② 对此事予以全盘否定，则是不可取的。

综上所述，旗亭画壁事虽为薛用弱用心良苦之虚构，并对后世产生了极大的影响，后来演变成为传奇杂剧，如明郑之文有《旗亭记传奇》，清卢见曾有《旗亭记传奇》等，均以四人故事演绎成戏，使人们信以为真。合理地认识此事，对于研究高适、王之涣、王昌龄三人间的关系及当时的社会风气是大有裨益的。

---

① （宋）范摅．云溪友议［M］．北京：中华书局，1985：10－11.

② （清）永瑢，纪昀等．四库全书总目［M］．北京：中华书局，1965：1185.

唐代“劫江贼”考略

杜甫《滟滪》诗中有“寄语舟航恶少年，休翻盐井掷黄金”这样的句子，而杜牧《上李太尉论江贼书》亦谈到会昌时，“江淮赋税国用根本，今有大患是劫江贼耳。”① 分别说到的舟航恶少和劫江贼，作为当时危害社会的问题人士，舟航恶少年与劫江贼的关系如何呢？“劫江贼”的来历与特点是怎样的？对此，目前国内流行的大小杜注本及《中国大百科全书》均未作回答，而唐代文献中也极少述及劫江贼。近读《陈寅恪读书札记·旧唐书之部》，见陈先生在王晙传、张说传、李师道传按语中谓刺杀武元衡的“山棚”乃玄宗时内徙的河曲六州残胡后代，大受启发。原来：劫江贼的主体即山棚，他们都是玄宗朝内徙于河南、淮南宽乡安置的河曲六州突厥残胡后代，其历史活动的消极性很大，而杜诗中的舟航恶少年也即劫江贼，今试略述如下。

首先，劫江贼与山棚的生活区域基本一致。上引杜牧给李德裕的上书中说劫江贼主要分布在两个地区，“濠、亳、徐、泗、汴、宋州贼多

---

① 杜牧．上李太尉论江贼书//全唐文：卷七五一［M］．北京：中华书局影印．以下引用杜牧所论均出于此。

劫江南、淮南、宣、润等道，许、蔡、申、光州贼多劫荆襄鄂岳等道。”申、光州在淮南道，而其他诸州均在河南道。劫江贼就生活在此二道，尤以河南道居多。而山棚也生活在河南、山南东道，《新唐书·吕元膺传》及《资治通鉴》卷二三九元和十年八月条，谓山棚在“东京畿西南通邓虢”一带。元结乾元二年（759 年）曾于“唐邓汝蔡等州招缉义军，山棚高晃等五千余人，一时归附。”① 而《新唐书·徐商传》《文苑英华》卷八七〇李骘《徐襄州碑》所载山棚也在襄阳。而襄、唐、邓州正是劫江贼的活动区域，生活区域、活动范围上的一致性表明二者可能同源，因为《旧唐书·王晙传》载，王晙建议将河曲六州残胡分置于河南、淮南等宽乡，后来张说也是将其“配许、汝、唐、邓、仙、豫等州”②，这种一致性应不是偶然的巧合。

其次，二者本性都残忍凶勇，迁徒无常，明显具有胡性。杜牧说，劫江贼劫杀商旅，婴孩不留，沉舟灭迹，活动于五千里长江及二千里漕道，出没无常。而山棚也“迁徙无常，皆趫悍善斗”③，“民不耕种，专以射猎为生”④。其人皆“票贼”⑤，“烧劫闾井，驱率平人，至于道途，皆须警备”⑥。元和十年（815 年）他们组织暴乱，事发后，“官军围之半日无敢进攻者”⑦，仅王茂元杀一人。在众目睽睽之下，他们竟转掠而去。《陈寅恪读书札记·旧唐书之部·李师道传》按语已反映出：山棚从生

① （唐）颜真卿．元结墓碑铭［M］//全唐文：卷三四四．北京：中华书局，3495.
② （后晋）刘昫．旧唐书·张说传［M］．北京：中华书局，1975：3053.
③ （宋）欧阳修，宋祁撰．新唐书·吕元膺传［M］．北京：中华书局，1975：4999.
④ （宋）司马光．资治通鉴：卷二三九［M］．北京：中华书局，7716.
⑤ （宋）欧阳修，宋祁撰．新唐书·徐商传［M］．北京：中华书局，1975：4192.
⑥ （唐）李骘．徐襄州碑［M］//文苑英华：卷八七〇．北京：中华书局，1966：4592.
⑦ （后晋）刘昫．旧唐书·李师道传［M］．北京：中华书局，1975：3539.

性、生活方式、人名上都不类汉人而类胡，杜牧在文中也说劫江贼常与“江南土人相为表里”，劫得财物则归本州，已把他们与江南土人区别开来，可见其并非江南土人，应是来自河南、淮南等道的残胡后代。

复次，他们的活动方式也相类似，都是集体行动，并且行动狡诈、诡秘。正如杜牧所说：“劫江贼上至三船两船，百人五十人，下不减三二十人始肯行动。”得到财物后迅速处理完，然后化为平人，吏见不问，民见不惊。官府派人四处捕捉，颇多冤滥，免之则“踪迹未白，杀之则赃状不明”，“至于真贼，十不得一”。山棚的凶狡和行动的集体性、诡秘性更为典型，从《资治通鉴》卷二三九及《旧唐书》《新唐书》《李师道传》《王承宗传》《吕元膺传》所载可知，其在元和十年从事的一系列反政府活动，如刺杀宰相，火烧河阴漕院、断建陵桥，欲集结伊阙、陆二县山棚攻东都、焚宫阙，事先均经过了严密的组织策划，包括买通驿卒为耳目，“自始谋及将败，无知之者”①。在襄阳，他们“张旗结党，夜出昼藏”②。这些都说明他们作为突厥余种的后代仍葆有其祖先那种“驱率群众，啸聚沙泉”③ 雄豪的胡性。其行为的集团性、诡秘性只能说明他们作为内徙残胡相当长时间内仍不能融入中原农耕文化之中，仍采取集团行动以谋取、保护其整体利益，维护其迁徙射猎抢劫方式以保证整体的存在，给当地群众带来颇多伤害。

正因为这一点，唐朝统治者有时视之为啸聚山林的雄豪，一方面爱

---

① （后晋）刘昫．旧唐书·李师道传［M］．北京：中华书局，1975：3539.

② （唐）李骘．徐襄州碑［M］//文苑英华：卷八七〇．北京：中华书局，1966：4592.

③ （唐）元宗皇帝．诛康待宾免从坐诏［M］//全唐文卷二八．北京：中华书局，321.

其武力而多加“抚慰”，另一方面也惧其劲勇而百般防范，严加打击，态度上的二重性也暗示出劫江贼与豪帅二者可能同源。杜牧文中提到，“江西观察使裴谊，得贼帅陈王番，署名军中职名，委以江湖之任。陈璠健勇，分毫不私。自后廉察，悉皆委任。至今陈璠每出彭蠡湖口领徙东下，商船百数随王番行止。璠去之后，惘然相弔。”同时，由于其危害性大，李德裕在杜牧上书后即上《请淮南等五道置游弈船状》①，在淮南、浙西、宣歙、江西、鄂岳，组织人力于界内游弈防范。唐朝对待山棚的政策也是“招慰”“吊伐”并用，吕元膺曾募“山河子弟”“使卫宫城”②，权德舆建议“畿内山谷间各有武力劲悍者，宜募为防御兵，可得千人。”③ 乾元二年，李光弼拒史思明于河阳，元结是时充山南东道节度参谋，助吕諲于“唐邓汝蔡等州招缉义军，山棚高晃等率五千余人，一时归附。大压贼境。于是思明挫锐，不敢南侵。”④ 襄阳山棚虽多，但徐商仍“取材卒为捕盗将，别为屯营，寇所发，辄迹捕，捕必得。遂为精兵。”⑤ 然而吕元膺、徐商等同样严厉镇压过山棚，且被史家认为有政绩而书之于史册。

既然在活动范围、生活区域与生活方式、群体共性以及唐朝对他们的态度上山棚与劫江贼有着高度的一致、相似性，且从杜牧行文遣词的口气上也可见其非江南土人而多来自河南、淮南，则有理由认为劫江贼与山棚同源，都是内徙的突厥残胡后代。

---

① 《全唐文》卷七〇四．北京：中华书局，7224.
② （宋）欧阳修，宋祁撰．新唐书·吕元膺传［M］．北京：中华书局，1975：4999.
③ 权德舆：《请加置兵衣粮状》，见于《全唐文》卷四八七．北京：中华书局，4976.
④ 颜真卿：《元结墓碑铭》，见于《全唐文》卷三四四．北京：中华书局，3495.
⑤ （宋）欧阳修，宋祁撰．新唐书·徐商传［M］．北京：中华书局，1975：4192.

明确了劫江贼、山棚与河曲六州残胡的关系，有助于我们认识他们在历史上的作用，才能看到玄宗徙胡的实际效果。可以认为，安史之乱是内徒残胡所起历史作用的转折点。元结在肃宗乾元间就说：“凶勇之徒，在四方者，几百余万……山谷江湖，稍多亡命，今所在盗贼，屡犯州县”①《册府元龟》卷六四所载代宗永泰元年（765 年）四月诏称，彼时“自东都至淮泗，沿汴河州县，自经寇难，地阔人稀，多有盗贼。淮运商旅，不免艰虞。”乃至政府不得不于夹河两岸置防御兵护送租船。元和五年（810 年），王播为京兆尹时，“盗贼”更有混迹于神策军中，“难以擒奸”②。三个材料都暗中提及劫江贼、山棚当时所进行的破坏活动。元和十年以后，他们就为藩镇所收买、利用，积极从事反政府活动，助纣为虐，阻碍讨藩，且严重危害社会治安。虽然他们也曾一度被政府招缉为防御兵，是唐代中后期地方防御兵——“子弟兵”的重要兵源，但总的来说其所起的历史作用是消极面大于其积极面。玄宗徙胡，是以中央政权强大、国家富庶、社会安定为基础的。一旦国家多难，中央政权遭到削弱，唐王朝对内徙残胡的控制力、凝聚力就会减弱，这也就给割据藩镇以可乘之机。更何况胡族与汉族不同的文化背景，其不同的生活方式使其容易与汉民族发生争斗，即使藩镇不加以劝诱，他们也很容易对当地进行破坏。这种破坏性是游牧民族与农耕民族两种不同生存方式和不同文化带来的，是其融入民族共同体的历史过程中表现出来的。

---

① 元结：《时议三篇·上篇》，见于《全唐文》卷三八一．北京：中华书局，3868.

② 王钦若：《册府元龟》卷六九六有“牧守部，抑豪强”，北京：中华书局，1960：8309.

唐人小说中的昆仑奴

在中国小说发展史上，唐代小说与诗歌一样，成为后人学习的榜样。其原因很多，其中文人“始有意为小说”①，大量创作杰出的传奇小说是其原因之一。这些小说内容广泛，反映了唐代社会生活的方方面面，其中一些作品就涉及了当时社会上一类特殊的群体——昆仑奴。那么，小说中的昆仑奴到底是怎样的呢？他们究竟以何本领受到当时社会上层的青睐呢？笔者在前人研究的基础上，试就此进行一些探讨，并求教于方家。

一

昆仑奴与汉人相比有着殊异的体型特征，他们大多身材短小，但却身强体壮。这一特征在文献资料和唐人小说中均有记载：

《隋书》卷八十二《南蛮传》“林邑”条：“真腊国，在林邑西南，

① 鲁迅．中国小说史略［M］．上海：上海文化出版社，2005：60.

本扶南之属国也……人形小而色黑……悉拳发垂耳，性气捷劲。”①

《朝野佥载·留仇国》（《太平广记》卷四八二）：“留仇中男夫壮者……人形短小，似昆仑。”②

此外，他们有着卷发黑身的外貌特征。

《开天传信记·苏颋》（《太平广记》卷一七五）中咏昆仑奴的诗：“指头十颋墨，耳朵两张匙。”③ 苏颋在这首诗里描述了他所见的昆仑奴：十指黑如墨。由此可见昆仑奴皮肤之黑。

不仅文学作品中有着昆仑奴外貌的描述，文献史料中亦有关于昆仑奴的记载。《旧唐书》卷一九七《南蛮传》“林邑”条：“自林邑以南，皆卷发黑身，通号为‘昆仑’。”④

此外，《宋史》卷四百九十《外国六》“大食”条：“太平兴国二年，遣使蒲思那、副使摩诃末、判官蒲啰等贡方物。其从者目深体黑，谓之昆仑奴。”⑤

昆仑奴有着黝黑的肤色，故“昆仑”二字常被汉人用来指称那些黑肤之人。《云溪友议·崔涯》（《太平广记》卷二五六）：“（崔涯）尝嘲一妓曰：‘虽得苏方木，犹贪玳瑁皮。怀胎十个月，生下昆仑儿。’”⑥ 又如《刘氏耳目记·墨君和》（《太平广记》卷一九二）中：“真定墨君和……眉目棱岸，肌肤若铁。年十五、六，赵王镕初即位，曾见之，

---

① （唐）魏征．隋书［M］．北京：中华书局，1973：1835－1836.
② （宋）李昉．太平广记［M］．北京：中华书局，1961：3974.
③ （宋）李昉．太平广记［M］．北京：中华书局，1961：1300.
④ （后晋）刘昫．旧唐书［M］．北京：中华书局，1975：5270.
⑤ （元）脱脱．宋史［M］．北京：中华书局，1977：14118.
⑥ （宋）李昉．太平广记［M］．北京：中华书局，1961：1994.

悦而问曰：‘此中何得昆仑儿也？’问其姓，与形质相应。”① 虽然以上皆为戏谈，但从中也可看出用“昆仑”二字指称黑肤之人已成为惯例。

“昆仑”二字指称黑肤之人并非始出唐代，之前的文献史料中已有相关的记载。《晋书》卷三十二《后妃下》“孝武文李太后”条：“孝武文李太后，讳陵容，本出微贱……时后为宫人，在织坊中，形长而色黑，宫人皆谓之昆仑。”② 又如《旧五代史》卷一三零《王峻传》中对慕容彦超的记载：“慕容彦超，为兖州节度使，彦超即汉高祖之同产弟也。尝冒姓阎氏，体黑麻面，故谓之阎昆仑。”③

唐人小说中的昆仑奴大都身怀绝技，能飞檐走壁。《传奇·昆仑奴》可谓唐人小说中刻画昆仑奴形象最为杰出之作。昆仑奴磨勒机智果敢，有着高超的武艺。小说从诸多方面对昆仑奴磨勒进行了细致的刻画：一是破解红绡妓所设的隐语。崔生于勋臣一品家偶遇红绡妓而一见倾心，从一品家离去之时，“时生回顾，妓立三指，又反三掌者，然后举胸前小镜子，云：‘记取’。”④ 回到学院后，崔生“神迷意夺，语减容沮，怳然凝思，日不暇食。但吟诗曰：‘误到蓬山顶上游，明珰玉女动星眸。朱扉半掩深宫月，应照璚芝雪艳愁。’”⑤ 他因思念红绡妓而茶饭不思，精神恍惚。此时只有磨勒看出了崔生的心事，并为之破解出红绡妓所设的隐语：“立三指者。一品宅中有十院歌姬，此（红绡妓）乃第三院耳。反掌三者，数十五指，以应十五之数。胸前小镜子，十五夜

---

① （宋）李昉．太平广记［M］．北京：中华书局，1961：1442.

② （唐）房玄龄．晋书［M］．北京：中华书局，1974：981.

③ （北宋）薛居正．旧五代史［M］．北京：中华书局，1976：1714.

④ 汪辟疆．唐人小说［M］．上海：上海古籍出版社，1978：268.

⑤ 汪辟疆．唐人小说［M］．上海：上海古籍出版社，1978：268.

月圆如镜，令郎来耶?”① 小说通过描写崔生因难解隐语涵义而情绪低落，以及他的不被人知，以衬托出磨勒的机智。在崔生看来磨勒仅仅是个普通的奴仆，当磨勒询问其为何事抱恨时，崔生却是不屑一顾：“汝辈何知，而问我襟怀间事。”② 当磨勒为之破解出隐语后，崔生大喜不禁，一反当初的蔑视而转变为钦佩，虔诚地向他征询与红绡妓相会的办法。二是射杀猛犬。一品家有一猛犬，其犬警如神，猛如虎，为曹州孟海之犬。小说通过磨勒之口向读者介绍猛犬的来历，以展示磨勒的见多识广以及他的自信：世间非己不能毙此犬。小说中虽未有直接描写磨勒杀犬的场景，但“食顷而回曰：‘犬已毙讫。’”③ 寥寥数语就传达出磨勒的神勇。三是在众人围攻下全身而退。一品命甲士五十人严持兵仗包围崔生院，使擒磨勒。“磨勒遂持匕首飞出高垣，瞥若翅翎，疾同鹰隼，攒矢如雨，莫能中之。顷刻之间，不知所向。”④

此外，昆仑奴还有一个特点就是善于潜水。《剧谈录·李德裕》（《太平广记》卷四〇五）：“李德裕在文宗武宗朝……及李南迁，（宝物）悉于恶溪沉溺。使昆仑没取之。”⑤

《甘泽谣·陶岘》（《太平广记》卷四二零）：“陶岘者，彭泽之子孙也……海舶昆仑奴，名摩诃，善游水，而勇健……每遇水色可爱，则遗剑环水，令摩诃下取，以为戏笑也。”⑥ 可以看出，昆仑奴潜水技艺之高。

---

① 汪辟疆. 唐人小说［M］. 上海：上海古籍出版社，1978：268.
② 汪辟疆. 唐人小说［M］. 上海：上海古籍出版社，1978：268.
③ 汪辟疆. 唐人小说［M］. 上海：上海古籍出版社，1978：268.
④ 汪辟疆. 唐人小说［M］. 上海：上海古籍出版社，1978：269.
⑤ （宋）李昉. 太平广记［M］. 北京：中华书局，1961：3271.
⑥ 汪辟疆. 唐人小说［M］. 上海：上海古籍出版社，1978：256.

《广异记·谢二》(《太平广记》卷四七零):“唐开元时……魏王池中有一鼋窟……有敕,使击射之。得昆仑数十人,悉持刀枪,沉入其窟,得鼋大小数十头。”①

昆仑奴善于潜水,因此唐人常使其充当水手,有时也使之潜水取物作为一种娱乐消遣。此外,他们对待主人忠心耿耿。因此,达官显贵争相购买他们为奴,甚至把昆仑奴陶俑作为自己死后的陪葬品:

《博异记·阎敬立》(《太平广记》卷三三九):“(刘俶)因指二皂衫人曰,此皆某家昆仑奴,一名道奴,一名知远……皂衫下皆衣紫白衣,面皆昆仑,兼以白字印面分明,信是俶家人也。”② 朱泚作乱长安时,阎敬立潜途出凤翔山。夜晚误入驿站太平馆旧馆,偶遇刘俶家二昆仑奴,并受到知馆官前凤州河池县尉刘俶的热情招待。天明至新馆才发觉自己昨晚误入旧馆后园刘俶之殡宫,门前有废堠子二,此二废堠子即为昨晚阎敬立所见之二昆仑奴。此二昆仑奴面上均有“昆仑”刻字,又有白字印面分明,表明其为刘俶家人。小说故事的真实性虽有待考证,但我们从中可看出唐人有以昆仑奴陶俑作为殉葬品的习俗。

二

唐人小说中的昆仑奴体黑健壮,大多善水,由此可见他们应来自临海的国家。

义净《南海寄归内法传》:“原夫三千肇建,爰彰兴立之端……东

---

① (宋)李昉. 太平广记[M]. 北京:中华书局,1961:3871.

② (宋)李昉. 太平广记[M]. 北京:中华书局,1961:2691.

裔诸国，杂行四部……然南海诸洲有十余国……诸国周围，或可百里，或数百里，或可百驿。大海虽难计里，商舶惯者准知。良为掘伦初至交广，遂使总唤昆仑国焉。唯此昆仑，头卷体黑，自馀诸国，与神州不殊。赤脚敢曼，总是其式。"①

《隋书》卷八十二《南蛮传》"林邑"条："（林邑）其人深目高鼻，发拳色黑。俗皆徒跣，以幅布缠身。"②

《旧唐书》卷一九七《南蛮传》："林邑国，汉日南象林之地，在交州南千余里……地气冬温，不识冰雪，常多雾雨……其人拳发色黑，俗皆徒跣……自林邑以南，皆卷发黑身，通号为'昆仑'。"③

同书同卷"真腊"条："真腊国，在林邑西北，本扶南之属国，'昆仑'之类。"④

《新唐书》卷二二二下《南蛮传》"盘盘"条："盘盘，在南海曲……自交州海行四十日乃至……其民濒水居，比木为栅，石为矢镞……其臣曰勃郎索滥，曰昆仑帝也，曰昆仑勃和，曰昆仑勃谛索甘，亦曰古龙。古龙者，昆仑声近耳。"⑤

可见，唐人曾泛称今天中南半岛南部以及南洋诸岛一些"卷发黑身"的居民为"昆仑"，"昆仑"本系音译，而"古龙"与"昆仑"音近，因而"古龙"成了"昆仑"的同名异译。

《岭外代答》卷三"外国门下"《昆仑层期国》："西南海上，有昆

---

① 义净著，王邦维校注．南海寄归内法传校注［M］．北京：中华书局，1995：1－17.

② （唐）魏征．隋书［M］．北京：中华书局，1973：1832.

③ （后晋）刘昫．旧唐书［M］．北京：中华书局，1975：5269－5270.

④ （后晋）刘昫．旧唐书［M］．北京：中华书局，1975：5271.

⑤ （宋）欧阳修，宋祁．新唐书［M］．北京：中华书局，1975：6300.

仑层期国，连接大海岛。常有大鹏飞，蔽日移晷。有野骆驼，大鹏遇则吞之。或拾鹏翅，截其管，堪作水桶……又海岛多野人，身如黑漆，卷发。诱以食而擒之，动以千万，卖为蕃奴。"① 这里的"昆仑层期"指的是什么呢？冯承钧《诸蕃志校注》里如此解释："层期与僧祇皆是Zangi之同名异译……至若昆仑，代表之名称甚多。此处昆仑疑对Komr，是为Madagascar岛之土名，则昆仑层期似言Madagascar岛之僧祇。"②"层期"与"僧抵"均是"昆仑"的同名异译。这里的昆仑层期指的是非洲东岸的马达加斯加岛。

综上所述，唐人小说中"昆仑奴"的"昆仑"并非指中国古代西域的昆仑国或昆仑山，也非今日广西、福建等地的昆仑山，而是指南海诸岛的昆仑，或非洲东岸的马达加斯加岛，是若干地名的代称。昆仑人不仅指南海卷发黑肤的民族，而且也包括非洲东部的黑人。③

三

关于昆仑奴输人中原的途径，笔者认为有二：

一曰进贡。

昆仑人被作为"贡品"输入中国，文献史料中有着详细的记载：

《新唐书》卷二二二下《南蛮下》"诃陵"条："诃陵，亦曰社婆，

① 周去非著，杨武泉校注．岭外代答校注［M］．北京：中华书局，1999：113.

② 周去非著，杨武泉校注．岭外代答校注［M］．北京：中华书局，1999：113.

③ 李季平．唐代昆仑奴考［M］//中国唐史研究会编撰．唐史研究会论文集．陕西：陕西人民出版社，1983：98－118.

曰阇婆，在南海中……元和八年，献僧祇奴四、五色鹦鹉、频伽鸟等。”①

同书同卷“室利佛逝”条：“室利佛逝，一曰尸利佛誓……咸亨至开元间，数遣使者朝，表为边吏侵掠，有诏广州慰抚。又献侏儒、僧祇女各二及歌舞。”②

《旧唐书》卷十五《宪宗纪下》：“（元和十年）八月己亥朔，日有蚀之。丙寅，诃陵国遣使献僧祇僮及五色鹦鹉、频伽鸟并异香名宝。”③

同书卷一九七《南蛮传》“诃陵”条：“诃陵国，在南方海中洲上居……元和十年，遣使献僧祇僮五人、鹦鹉、频伽鸟并异种名宝……十三年，遣使进僧祇女二人、鹦鹉、玳瑁及生犀等。”④

冯承钧先生《诸蕃志校注》中提到：“层期”与“僧祇”均是“昆仑”的同名异译。那么这些作为“贡品”的“僧祇”应为被南海诸国输入到中国为奴。

二是通过人口买卖的方式。

张籍的《昆仑儿》：“昆仑家住海中州，蛮客将来汉地游。言语解教秦吉了，波涛初过郁林洲。金环欲落曾穿耳，螺髻长卷不裹头。自爱肌肤黑如漆，行时半脱木棉裘。”⑤“海洲中”的昆仑儿，系由“蛮客”经由“郁林洲”而“将来汉地”的。唐代郁林洲在石南，即今广西玉林西北。据此推断，这首诗所说的昆仑儿，也是被蛮客贩卖到中原的。

---

① （宋）欧阳修，宋祁．新唐书［M］．北京：中华书局，1975：6302.
② （宋）欧阳修，宋祁．新唐书［M］．北京：中华书局，1975：6305.
③ （后晋）刘昫．旧唐书［M］．北京：中华书局，1975：454.
④ （后晋）刘昫．旧唐书［M］．北京：中华书局，1975：5273.
⑤ 全唐诗［M］．上海：上海古籍出版社，1986：962.

如同上文所引《岭外代答》中《昆仑层期国》的记载："海岛多野人，身如黑漆，卷发，诱以食而擒之，动以千万，卖为蕃奴。"① 由此可见，当时被贩卖的昆仑奴数量之多。

唐帝国经济繁荣，政治开明，文化高度发展，对外交通便利，成为当时亚洲经济文化交流的中心。许多国家与中国都有着商贸往来，昆仑奴也被作为商品进行交易输入到中国。他们大多数来自于南海各地卷发黑身的一些民族，也包括非洲东部的黑人；以其身强体壮、善于潜水、飞檐走壁的特性，通过进贡和人口买卖的方式来到内地，成为达官显贵的奴仆，构成了唐代奴婢的一部分，和其他人物一样，共同缔造了五彩斑斓的大唐文化。

① 周去非著，杨武泉校注．岭外代答校注［M］．北京：中华书局，1999：113.

也说《大唐三藏取经诗话》是一部唐代白话小说

《西游记》是我国古代一部重要的小说，古往今来受到许多人的关注，鲁迅先生将其称为“神魔派”小说代表。研究《西游记》，首先要了解它的成书过程，而《大唐三藏取经诗话》（以下简称《取经诗话》）对于了解《西游记》的成书过程、思想内容及其人物形象的塑造演变等问题，意义颇为重大。因此，有关《取经诗话》的成书年代问题，则成为历来研究的关键。

关于《大唐三藏取经诗话》的成书年代，王国维先生根据书卷末有署款为“中瓦子张家印”而断定其年代，他依据吴自牧《梦粱录》卷十五载中瓦子为南宋临安府街名，因此确定《取经诗话》为南宋人所撰①。不过，根据书籍的刊刻年代为南宋，就认定其为宋人所著，证据似显不足。故李时人、蔡镜浩两位先生于《〈大唐三藏取经诗话〉成书时代考辨（以下简称《考辨》）一文中，对“南宋说”提出异议，认为《取经诗话》“可能早在晚唐、五代就已成书，实是唐、五代寺院

① 《大唐三藏取经诗话》所附《王国维跋》，古典文学出版社，1954.

‘俗讲’的底本”①。同年，刘坚先生在《〈大唐三藏取经诗话〉写作时代蠡测》一文中，持大致相同的观点。② 中国文联出版社《中国通俗小说总目提要》中并列了上述两种观点。而曹炳建先生发表文章《也谈〈大唐三藏取经诗话〉的成书时代》又认为以《取经诗话》成书于南宋为宜。③ 那么，到底是如何呢？笔者认为：李时人、蔡镜浩两位先生所言的晚唐五代说较为妥当。下面仅从几个方面略做陈述：

现存《取经诗话》有两个版本，人称为小字本和大字本。小字本原题为《大唐三藏取经诗话》，分为上、中、下三卷，共十七节（节的名称乃沿袭王国维旧称，非原刊本所有，原本仅存“……第×（序号)”)。其中，上卷缺第一节，中卷缺第七节结尾和第八节前半部分。旧藏日本高山寺，后归大仓喜七郎。大字本原题为《新雕大唐三藏法师取经记》，宋槧为大字，故称。大字本亦分为三卷。第一卷缺一、二、三节，第三卷全缺，所存残卷不及全书一半。旧亦藏日本高山寺，后归德富苏峰成篑堂文库。1916 年罗振玉影印了小字本，1917 年罗氏又影印了大字本，后收入《吉石庵丛书》。1925 年商务印书馆据罗氏影印了小字本，黎文烈标点。1954 年中国古典文学出版社以小字本为底本，用大字本作参校，重新排印出版。1955 年文学古籍出版社影印了罗氏小字本和大字本，将二者合为一书，仍题名为《大唐三藏取经诗话》。1997 年中华书局出版了由李时人、蔡镜浩二位先生的校注本，此本以宋刊小字本为底本，以宋刊大字本校勘，题名为《大唐三藏取经

---

① 李时人，蔡镜浩.《大唐三藏取经诗话》成书时代考辨［J］. 徐州师范学院学报，1982（3）.

② 刘坚.《大唐三藏取经诗话》写作时代蠡测［J］. 中国语文，1982（5）.

③ 曹炳建. 也谈《大唐三藏取经诗话》的成书时代［J］. 河南大学学报，1995（2）.

诗话校注》，笔者的研究即以此本为依据。

可以说，《取经诗话》的出现，对于我们了解《西游记》的成书过程、主题及认识孙悟空这一人物形象有着重要的意义。而在有关《取经诗话》的成书时间这一问题上，可以说自从它发现以来，以前的论著家及文学史多从它的刊行时间出发，考订它的成书时间。最有代表性的如王国维先生在《大唐三藏取经诗话跋》中所说："(《大唐三藏取经诗话》) 卷末有'中瓦子张家印'款一行，中瓦子为宋临安府街名，倡优剧场之所在也。吴自牧《梦粱录》卷十九云：'杭州之瓦舍，内外合计有十七处，如清泠桥熙春楼下谓之南瓦子，市南坊北三元楼前谓之中瓦子。'又卷十五：'铺席门保佑坊前张官人经史子文籍铺，其次即为中瓦子前诸铺。'此云：'中瓦子张家印'，盖即《梦粱录》之张官人经史子文籍铺。南宋临安书肆，若太庙前尹家，太学前陆家，鞔鼓桥陈家，所刊书籍，世多知之，中瓦子张家，惟此一见而已。"① 从而认定《取经诗话》成书于南宋。此说影响甚大，以至于后世文学史多从其说，如今人袁行霈先生主编的《中国文学史》说："今综合王国维《大唐三藏取经诗话跋》、罗振玉《大唐三藏取经记跋》、德富苏峰《鲁迅氏之〈中国小说史略〉》、郑振铎《宋人话本》、太田辰夫《〈大唐三藏取经诗话〉考》、王力《汉语史稿》、小川环树《〈西游记〉的原本及其改作》、程毅中《宋元话本》及张锦池《〈大唐三藏取经诗话〉成书年代考论》等意见，本书当为成书于北宋年间的一种"说经"话本，

① 胡士莹．话本小说概论［M］．北京：中华书局，1980：198.

刊印于南宋末年。”①

王国维先生认定《取经诗话》刊刻于南宋临安书肆之张官人经史子文籍铺，对于认识这部书的刊刻出版情况有着重要意义。但是，一本书的成书时间与刊刻年代应该是两个概念，“中瓦子张家印”只表示当时在临安进行了刊印，证明至迟在南宋当时已经可以见到《取经诗话》的印本了，但并不能证明这次刊刻所据的底本也就是小说最早的原创状态。而且“说经”这一门伎艺在南宋话本“说话”四家中，原是一个非常含糊的概念，研究者从来也没有找到一种可以证明是“说经”类的作品，也就是说，到现在为止，我们还未见到可靠的“说经”话本能与《取经诗话》互证。

并且真的如上所言《取经诗话》是成书于北宋年间的一种“说经”话本吗？早在 1982 年，李时人、蔡镜浩及刘坚诸先生即先后撰文提出：《取经诗话》与敦煌俗文学写卷应为同一性质、同一方言的作品，大致形成于晚唐五代之际。三位先生此时的论证主要集中在语言方面，前者从《取经诗话》现存二十八首诗中找出韵脚九十四处、押韵字七十个，和《广韵》比较，再以不符合《广韵》使用规则的部分与罗常培、邵荣芬归纳的唐五代西北方言音韵特点对照，发现《取经诗话》的用韵与西北方言的音韵特点完全相符；后者则从《取经诗话》的二十八首诗中拣出与《广韵》用韵规律不合的十七首与敦煌变文比较，同样得出与西北方言吻合的印象。之后，“在全面考察了《取经诗话》的体制形式、思想内容及语言现象以后，我们发现，是书虽然刻于南宋，但它

① 袁行霈主编．中国文学史（第四卷第七编《明代文学》第八章《〈西游记〉与其他神怪小说》注释一）［M］．北京：高等教育出版社，1998：164.

可能早在晚唐、五代就已成书，实是晚唐五代寺院‘俗讲’的底本，和敦煌藏经洞所发现的许多讲唱文学写卷是属于同一时代、同一类型的作品。”① 1995 年，曹炳建撰文指出：通过对《取经诗话》中的语言、叙事体式、宗教，特别是对其中“陕西”“京东路”两个宋代地名的分析，认为《取经诗话》成书时间定位以南宋为宜。

笔者认为：根据现存的《取经诗话》本子来考察《取经诗话》成书的具体年代，是一个非常复杂的问题，其中有诸多因素必须考虑。因为，和诸多早期白话小说一样，《取经诗话》最早也出自民间艺人之手，且经过长期流传，其间历经众多民间艺人及下层文人的加工创造，因此，我们现在看到的本子本身已经历了很长一段时间的流传加工，与小说最初创作出来的情况肯定有了一定的变化。因此，我们也只能根据现今所看到的本子估计其成书的大致年代，要凭借现今我们所看到的本子就认定它为最早成书时的作品，无疑是不现实和不科学的。

笔者以为：首先，《取经诗话》是不是所谓的宋代“说经”？南宋吴自牧《梦粱录》在介绍当时的说经伎艺时，也至为简要——“说经者，谓演说佛书”②，谓其为当时市井伎艺之一种。而后世许多学者，在谈到《取经诗话》时，即主观认为它就是南宋说话四家之一种——说经，并进而将它归结为“宋元话本”。如陈汝衡在《宋代说书史》中谈到宋代说经时，就以《取经诗话》为例：“第三说到说经。现存有宋刊话本《大唐三藏法师取经记》三卷，共十七章，全书每节之末都用

---

① 李时人，蔡镜浩校注．大唐三藏取经诗话校注·前言［M］．北京：中华书局，1997：2.

② 吴自牧．梦粱录［M］．北京：中国商业出版社，1982：181.

诗句作结，这就是书名《诗话》的由来。不过我们要注意的，乃是书中穿插的诗句和宋人小说话本里诗句不同，因为后者是以说话人立场吟唱出来，而前者是由书中人物信口吟唱，成为促进故事发展的一部分。”① 虽然作者已经敏锐观察到《取经诗话》与后世宋话本的细微不同，可惜未再做进一步深究。此外，作者还以小说中《经过女人国处第十》为例，仔细分析了小说中的吟唱。作者很谨慎地说道：“此外也许还有需要唱的地方，并且讲唱时是否和唐代和尚唱经一样，现在也无法确定。”② 作者敏锐地将小说与唐代和尚唱经联系了起来，但却没有再进一步探究其内在联系。那么唐代的唱经是如何的？或者说唐代的有关情况到底是怎样的？有一点可以肯定的是，宋代以后的说唱，应该说就是在唐代有关伎艺基础上的发展。唐时日本沙门圆珍（814—891 年）曾详细记载了当时的宗教宣传情况。在其所著《佛说观普贤菩萨行法经记》中载：“言讲者，唐土两讲：一俗讲，即年三月就缘修之，只会男女，劝之输物，充造寺资，故言俗讲（僧不集也云云）。二僧讲，安居月传法讲是（不集俗人类，若集之，僧被官责）。”③ 明确指出唐时讲唱的具体情况。僧讲为针对僧人所做，而俗讲乃主要面向广大俗众。有关俗讲得详细情况，可参看向达先生的《唐代俗讲考》。④ 俗讲僧人为了取悦俗众，达到其“劝之输物”的目的，必须根据普通老百姓的文化程度和欣赏兴趣，讲述一些他们能够理解并感兴趣的话题。因此，像

① 陈汝衡．说书史话［M］．北京：人民文学出版社，1987：76.

② 陈汝衡．说书史话［M］．北京：人民文学出版社，1987：77－78.

③ 〔日〕高楠顺次郎．大正大藏经（第五十六卷）［M］．1924：227.

④ 向达．唐代长安与西域文明［M］．北京：三联书店，1957：294－336.

目连、董永、睒子①、唐僧取经、张议潮、张淮深等这样一些人物的事迹或故事，无疑是最能打动普通老百姓的了。而后世白话小说的发展，即直接发轫于唐代之俗讲，笔者对此有专文介绍，兹不赘述。而演说佛经，演述宗教内容，也为当时佛教界盛行时的一个专门伎艺，在敦煌藏卷中就保留了一批这样的卷子，如：《妙法莲花经讲经文》《维摩诘经讲经文》《佛说观弥勒菩萨上生兜率天讲经文》等等，就是类似的讲唱的底本，它们乃演述佛教经典，全部演述围绕佛经进行，不像俗讲那样以听众好尚为标准而大胆变更佛经，甚至许多直接取材于历史或现实素材。

有鉴于此，李时人先生认为："《取经诗话》虽然是一个描写和尚取经的佛教故事，但它基本上是以人物的命运遭遇为中心的，与佛教经典和教义没有必然的、内在的联系，不能说是'演说佛书'……南宋的'说经'应该是讲说佛经内容的，也许还会包括谈禅，但一切应以佛经作为根据，似不能脱离佛典。南宋'说话'中还有'说诨经'一种，说经中加有'诨'，就不被认为是正统'说经'，亦可证'说经'实不能离开佛典。"②《取经诗话》虽然貌似写的是佛教界的事情，但与正统说经相比，《取经诗话》从内容上说确实不能归之于说经一类，它与说经有着较大的距离。

唐代玄奘法师取经一事，在中国佛教史上蔚为盛事，影响深远，而在正史中，却记载甚为寥寥。《旧唐书》卷一百九十一《列传》第一百

---

① 有关佛经中睒子行孝而被收入中土二十四孝的详细情况，可见笔者拙文《二十四孝中的异域人物》，见《社会科学战线》2000 年第 4 期。

② 李时人，蔡镜浩校注．大唐三藏取经诗话校注·前言［M］．北京：中华书局，1997：3.

四十一《方伎》载:“僧玄奘，姓陈氏，洛州偃师人。大业末出家，博涉经论。尝谓翻译者多有讹谬，故就西域，广求异本以参验之。贞观初，随商人往游西域。玄奘既辩博出群，所在必为讲释论难，蕃人远近咸尊伏之。在西域十七年，经百余国，悉解其国之语，仍采其山川谣俗，土地所有，撰《西域记》十二卷。贞观十九年，归至京师。太宗见之，大悦，与之谈论。于是诏将梵本六百五十七部于弘福寺翻译，仍敕右仆射房玄龄、太子左庶子许敬宗，广召硕学沙门五十余人，相助整比。”① 而在佛教徒的记载中，对玄奘取经及个人情况多有记载并大肆赞扬。考之当时情势，贞观三年，玄奘乃私自出关，随当时商队远行西域，其取经行为并不为当时政府所允许。而至其巡游西天归来时，声望甚著，且当时国内外形势也发生了很大的变化，故此太宗派人迎接，给予了很高的礼遇。但是，太宗欣赏玄奘，是崇慕他的才干，几次劝其从俗，并表示要重用他。而这件事情在当时佛教界，在三教竞争的形势下，绝对是一件值得炫耀并功德无量之大事，对于宣扬佛教，扩大其影响方面，意义重大。玄奘后来还根据自己的经历，由他口述，弟子辩机记录，用一年多时间写成了《大唐西域记》，记述了取经途中的所见所闻。这部书将他在十多年的游历生涯中所游历的一百多个国家加以分类记述，一一陈述了各国的历史沿革、地理区划、民族源流、物产气候、文化政治等，内容广泛，至今仍是研究阿富汗、巴基斯坦、印度以及整个中亚细亚古代历史地理的宝贵资料。可以想象，玄奘以一己之力，冒九死一生之危险，远涉西域诸国，在当时影响非常之大。因此，当玄奘

① (后晋)刘昫等撰．旧唐书[M]．1975：5108－5109.

逝世后，弟子慧立、彦悰为了纪念表彰乃师功业，又将玄奘的取经事迹撰写成书，为《大慈恩寺三藏法师传》。当时的佛教徒肯定会借此机缘，在宣扬玄奘法师取经的丰功伟绩的同时，为了自神其教，将玄奘取经作为一个传奇故事对外进行宣传，从而使玄奘取经成为一个当日的流行故事也未尝没有可能。正如李时人等先生所言，《取经诗话》实是唐、五代寺院‘俗讲’的底本。而《取经诗话》的得名，王国维先生早就说其称诗话，非唐、宋士大夫所谓诗话，以其中有诗有话，故得其名。其实，在今存大字本第六节之后有“新雕大唐三藏法师取经记卷第一”的题记，可见，《取经诗话》也仅为今人的通称，其实按照现存版本，如果叫作《三藏法师取经记》也未尝不可，如上所述，陈汝衡在《宋代说书史》中就径直将其称为《大唐三藏法师取经记》。而在今存敦煌其他早期白话小说中，散文中夹杂韵文诗歌这种文体形式已经非常普遍。这种叙事方式，直接来源于古印度民间文学叙事方式，后经佛经文体中的长行与偈颂相间形式，给予中土文学以极大沾溉，影响了中国古代文学中散韵相间的文体，有关这方面的研究，前贤时彦多有论述，兹不赘述。因此，从《取经诗话》的文体形式也可见其与其他早期白话小说的亲缘关系，可推测它们大致出现于相近时期。

《取经诗话》以三藏法师取经为线索，描写了他取经途中所遇到的奇奇怪怪的事情，其中充满了浪漫主义神话描写，特别是其中加进去了一个虚构式的人物——猴行者，更是开创了三藏取经这件现实历史的另一个新阶段。“虽然《取经诗话》较之在它以后出现的一些以唐僧西天取经为题材的文学作品，显得简单、拙朴，缺少故事的铺陈和情节人物的描写刻画，但是它标志着这一故事题材性质的转变，其故事的结构、情节和人物都启迪了以后的作品。尤其值得重视的是书中出现了一个虚构的取经人物'猴行者'。这个猴行者在取经活动开始就突然出现，引三藏入大梵天王宫，伏白虎经，降九馗龙，一路辅佐三藏完成了取经任务。正是由于猴行者在《取经诗话》中的出现和《取经诗话》所描写的故事情节的虚构性及神秘色彩，决定了这部作品的宗教神异性质。作品突出猴行者在取经过程中的作用，导致了取经故事主角由历史人物向虚构人物的转移，开拓和决定了今后取经故事向神魔故事发展的方向。对于以唐僧西天取经故事为题材的一系列文学作品来说，《取经诗话》无疑应该是一部特别值得重视的开山作品，研究古典文学名著《西游记》的成书首先应该研究这部作品。"① 因此，《取经诗话》就根本不是宋代所谓的"说经"类故事，而成了一部充满神异色彩的小说。

《取经诗话》小说分"段""回"，篇幅较长，故事曲折，以主人公的经历及遭遇事件为素材而展开虚构，并重点突出了猴行者的非凡能力，已经与历史上的唐僧取经相差甚远，成为两个完全不同的故事系统。因此，蔡铁鹰先生就说："把《大唐三藏取经诗话》放在高度商业化的'说话'背景下看，它是否算得上'说经'话本也成问题。《诗话》无头有尾，全文分为十七节，除第一节缺失外，其余大体完整。这十七节有长有短，最短一节仅百字不到，最长一节两千多字，大多都在千字左右，如果是说话人的底本，那疑问就很多：……十七节中算是有故事情节的不到一半，那些数百字甚至不足百字的一节能吸引到听众吗？……因此我们认为它不可能是说话人的底本，从形制上看，倒更像

① 李时人，蔡镜浩校注．大唐三藏取经诗话校注·前言［M］．北京：中华书局，1997：6.

晚唐或北宋寺庙里对普通香客讲的故事。”① 而且在现存本子中，我们可以看到小说分“段”“回”处的一些特点，与敦煌早期其他白话小说何其相似！如小说分为十七节，其中除第一、第八节题名原缺外，其余十五节的题名中，就有十二个标题中有“……处”字样。众所周知，在早期白话小说中，与图画的亲密结合是其一大特点②，在安西榆林窟第三窟西夏壁画中就还存有“唐三藏取经图”，充分证明小说与图画的密切关系。而且，在其“过狮子林及树人国第五”中，结尾处有诗云：行者今朝到此时，偶将妖法变驴儿。从今拱手阿罗汉，免得家门祸及之。诗歌对前面所讲内容做了大致总结，应无多大争议。但诗中第一句中“时”字，各家注本中都无注释，平常都因为应作时间名词解，似乎在此处也能解释得通。但笔者认为此处作“……处”解则更为妥帖，与唐代其他早期白话小说一样，都应该是用作提示图画的作用，因为在敦煌藏卷中“时”的类似用法屡见不鲜。③

在小说内容方面，《取经诗话·入大梵天王宫第三》中，描写了三藏法师等在猴行者神异法术的帮助下，同往北方毗沙门大梵天王水晶宫赴斋，这一故事情节，与敦煌藏卷中的《叶净能诗》中唐明皇在叶净

① 蔡铁鹰.《西游记》成书研究［M］. 北京：中国文联出版社，2001.

② 有关当时变文与图画的密切关系，前人论述甚多，可参看《绘画与表演——中国的看图讲故事和它的印度起源》，王邦维、荣新江、钱文忠译，北京燕山出版社，2000 年 6 月。

③ 陆永峰就说：“变文与图画（变相画）密切相关，它的入韵套语承袭了变相的标题‘……处’、‘……时’的形式。这些套语既是由散文转入韵文的标志，同时在演出中，它还起着提醒观众画面内容的作用，而它所表征着变文与图画的关系，也成为变文的又一个重要特征。”见陆永峰. 敦煌变文研究［M］. 巴蜀书社，2000：123.

能的法术帮助之下赴月宫赴宴一情节相比，何其相似！① 而毗沙门天王信仰，自太宗时进入为唐皇室供奉，玄宗时始用于兵甲，宪宗时则出为全国性的顶膜供奉，而晚唐五代时期成为盛行于敦煌地区的一个民间信仰。小说描写三藏师徒七人同赴毗沙门天王宫，对照毗沙门天王信仰流行情况，是否推测小说最初创作的大致时间呢？复次，《取经诗话·过狮子林及树人国第五》中，小说叙述了三藏师徒途经树人国，小行者被黑店主人行妖法变化为驴子这一神奇的故事。而"人变化为驴子"故事，不特此处独有，在唐人薛渔恩撰《河东记》（板桥三娘子）中也有类似描写，为比较方便，现将故事迻录如下：

唐汴州西有板桥店，店娃三娘子者，不知何从来。寡居，年三十余，无男女，亦无亲属。有舍数间，以鬻餐为业。然而家甚富贵，多有驴畜，往来公私车乘，有不逮者，辄贱其估以济之。人皆谓之有道，故远近行旅多归之。元和中，许州客赵季和，将诣东都，过是宿焉。客有先至者六七人，皆据便榻，季和后至，最得深处一榻。榻邻比主人房壁。既而三娘子供给诸客甚厚，夜深致酒。与诸客会饮极欢。季和素不饮酒，亦预言笑。至二更许，诸客醉倦，各就寝。三娘子归室，闭关息烛。人皆熟睡，独季和转展不寐。隔壁闻三娘子悉窣，若动物之声。偶于隙中窥之。即见三娘子向覆器下。取烛挑明之。后于巾厢中。取一副耒耜。并一木牛。一木偶人。各大六七寸。置于灶前。含水噀之。二物便行走，小人则牵牛驾耒耜。遂耕床前一席地。来去数出。又于厢中。

① 关于《叶净能诗》中净能与明皇赴月宫宴会的描写，参见张鸿勋敦煌话本（叶净能）辨甘肃社会科学院文学研究所编．敦煌学论集［M］．兰州：甘肃人民出版社，1985：132－136.

取出一裹荞麦子。受于小人种之。须臾生。花发麦熟，令小人收割持践。可得七八升。又安置小磨子，硙成面讫。却收木人子于厢中。即取面作烧饼数枚。有顷鸡鸣。诸客欲发。三娘子先起点灯，置新作烧饼于食床上，与客点心。季和心动遽辞，开门而去，即潜于户外窥之。乃见诸客围床，食烧饼未尽，忽一时踣地，作驴鸣，须臾皆变驴矣。三娘子尽驱入店后，而尽没其货财。季和亦不告于人，私有慕其术者。后月余日，季和自东都回，将至板桥店，预作荞麦烧饼，大小如前。既至，复寓宿焉。三娘子欢悦如初，其夕更无他客，主人供待愈厚。夜深，殷勤问所欲。季和曰："明晨发，请随事点心。"三娘子曰："此事无疑，但请稳睡。"半夜后，季和窥见之，一依前所为。天明，三娘子具盘食，果实烧饼数枚于盘中讫。更取他物，季和乘间走下，以先有者易其一枚，彼不知觉也。季和将发，就食，谓三娘子曰："适会某自有烧饼，请撤去主人者，留待他宾。"即取己者食之。方饮次，三娘子送茶出来。季和曰："请主人尝客一片烧饼。"乃拣所易者与啖之。才入口，三娘子据地作驴声，即立变为驴，甚壮健。季和即乘之发，兼尽收木人木牛子等。然不得其术，试之不成。季和乘策所变驴，周游他处，未尝阻失，日行百里。后四年，乘入关，至华岳庙东五六里。路旁忽见一老人，拍手大笑曰："板桥三娘子，何得作此形骸?"因捉驴谓季和曰："彼虽有过，然遭君亦甚矣。可怜许，请从此放之。"老人乃从驴口鼻边，以两手擘开，三娘子自皮中跳出，宛复旧身。向老人拜讫，走去，更不知所之。

薛渔恩，事迹失考，约为大和、开成前后人，河东籍。[1] 《河东记·板桥三娘子》[2] 中，主人公偶因转展不寐才发现其中玄机。在《取经诗话》中，则为宿主人告诉他们“此中人会妖法”。两小说虽都有人被变为驴子类似情节，但《板桥三娘子》为妇人被变为驴子，而《取经诗话》则为取经之小行者被变为驴子，而店主人之妇人则被变化为驴子嘴边的一束青草。从驴子变为人的过程也不一样，《取经诗话》为店主人在猴行者将其妇人变为驴子嘴边的一束青草后，“主人噀水一口，驴子便成行者。猴行者噀水一口，青草化成新妇。”而《板桥三娘子》则没有那么幸运了，过了四年后，才在华岳庙边碰到一老者，老人乃驴口鼻边以两手擘开，三娘子自皮中跳出，宛复旧身。两个小说在人化驴子这一情节上有着极为相似的地方，可能是同一故事原型在不同地方流传中的不同改编本罢了，极有可能也为同时代之作品。

复次，小说《取经诗话》在演唱中也和同时代的敦煌藏卷其他早期白话小说有诸多演唱程式化语句。除我们上文所指出的“……处”“……时”之类的表明其与画图的密切关系语句外，《取经诗话》也有诸如心口思维、万福、已来、寒毛卓竖、遍体汗流、举身自扑、眼瞤耳热、年方二八、美貌过人等，与早期白话小说程式化的语言结构非常类似，都显示出它与敦煌其他早期小说的渊源关系。

最后，《取经诗话》也和其他早期白话小说一样，在叙事时间上显示其源自民间的特点。如《取经诗话·入波罗国处第十三》结为诗赞

---

① 李剑国．唐五代志怪传奇叙录：下册［M］．天津：南开大学出版社，1993：634.

② （宋）李昉等编．太平广记（卷第二百八十六《板桥三娘子》）［M］．北京：中华书局，1961：2279－2281.

中有“大明皇，玄奘取经壮大唐。程途百万穷天日，迎请玄微请法王。”而《取经诗话·到陕西王长者妻杀儿处第十七》中则又有：“法师七人离大演之中，旬日到京。京东路游奕探闻法师取经回程，已次京界，上表奏闻□宗明皇。时当炎暑，遂排大驾，出百里之间迎接，法师七人相见谢恩。明皇共车舆法师回朝。”“太宗后封猴行者为铜筋铁骨大圣。”其中错讹明显，一会说是唐太宗封赏取经师徒，一会又说是唐明皇接见三藏师徒，而考之前后错讹之原因，无疑只能归结于早期白话小说源自民间文化，出自于文化不高的艺人之手，否则没有别的解释了。

综上所述，笔者认为：《取经诗话》和其他早期白话小说一样，也是一篇出自于民间艺人之手的充满民间文化色彩的唐人小说。

唐传奇《徐玄之》与《利立浦特游记》的比较

唐传奇在中国古代小说发展史上的地位是非常高的，鲁迅谓之“始有意为小说”①。唐传奇不仅在写法上开拓了中国古代小说的藩篱，而且具有独特的审美特色，即许多研究者所指出的：唐传奇开始有意识地运用想象和虚构的手法进行创作。

唐小说中不乏奇幻之作，唐传奇《徐玄之》就是其中的一篇。它与英国小说《格列佛游记·利立浦特游记》创作时间虽相差近千年，具有不同的民族特色，但他们具有着共同的审美特性———同为奇幻之作。本文将它们纳入比较的视野，从小说构成的要素：背景、情节、主题、叙事模式四个方面进行分析（至于人物这一要素在上述要素中进行分析，不再单独列出），以揭示它们共同的审美特性及其异质。

---

① 鲁迅．中国小说史略（释评本）［M］．周锡山释评．上海：上海文化出版社，2005：60.

一

任何一篇作品都是受多方面的影响生成的，而写作背景是其中重要一个因素。研究写作背景可以使我们更好的理解作品的内涵。首先我们来仔细看看小说《徐玄之》写作的政治及思想、文化等背景。

（一）政治背景

小说《徐玄之》出自《纂异记》，据《新唐书·艺文志》载为“李玫撰”，并注李玫曰“大中时人”①。另据《纂异记》中《齐君房》一篇称：“大和元年，李玫习业在龙门天竺寺”②，从这两个材料可以推知李玫大约生活于大和、大中年间。

唐朝中后期，社会矛盾重重，尤以藩镇、宦官和党争为当时社会的三大痼疾。安史之乱后在河北、山东形成了藩镇割据的局面，时常发生节度使或军将的叛变。宦官之祸“酿于玄宗，而完成于肃、代、德。”③中晚唐时期，许多宦官曾掌握军政大权，任意废立、弑杀皇帝。文宗深患宦官专横，欲除宦官，却造成大和五年（831 年）的宋申锡案和大和九年（835 年）的“甘露之变”。穆宗时以牛僧孺、李德裕为首的牛李党争已彰显其迹，此后延续了四十年之久。文宗就曾为之慨叹道：“去河北贼非难，去此朋党实难。”④ 由于政治的影响，这一时期的唐小说与前期相比风格有所变化。李玫的《纂异记》对这一时期的政治多有所影射，其中《许生》（《太平广记》三五〇）就是他“悼念‘甘露之

---

① （宋）欧阳修，宋祁．新唐书［M］．北京：中华书局，1975：1541.

② （宋）李昉等．太平广记［M］．北京：中华书局，1961：3092.

③ 岑仲勉．隋唐史［M］．石家庄：河北教育出版，2000：311.

④ （后晋）刘昫等．旧唐书［M］．北京：中华书局，1975：4554.

变’中的被害人”的。①

（二）宗教思想影响

民间信仰和宗教思想在上古时，由于人们对自然现象不能做出正确的解释，就赋予万物生命，认为万物有灵。这种原始信仰反映在《山海经》中，就有许多半人半兽的神。到了唐代，在民间仍有动、植物崇拜。这种信仰反映在小说上，小说中出现了许多动植物及无生物妖怪。同时，道教、佛教也对唐小说有很大的影响。道教产于汉代，曾得唐高祖的特别尊崇，在唐朝影响很广。佛教在两汉之际传入中国，在唐朝时形成了许多宗派，其影响极为广泛，并渗透到社会的各个层面。虽然武帝会昌时曾大肆灭佛，但佛教仍在唐朝有很大的影响。佛教和道教对唐小说的艺术和内容影响很大，使小说更具奇异色彩，且小说中多有宣扬佛道的情节内容。

（三）文学影响

中国文学早在战国时已有富于幻想的作品，庄子曾描写道：“有国于蜗之左角者曰触氏，有国于蜗之右角者曰蛮氏。时相与争地而战，伏尸数万，逐北，旬有五日而反”②，就充分发挥了艺术想象力，运用夸张的手法塑造了奇幻的意象。至于动物、植物、无生物精怪内容的小说，魏晋南北朝时期已有。到了唐代，此类小说大量出现，如《玄怪录》中的《元无有》《岑顺》等。而李公佐的《南柯太守传》就描写了淳于棼梦入蚁穴的经历，对《徐玄之》的影响更为明显。

---

① 胡可先．中唐政治与文学－以永贞革新为研究中心［M］．合肥：安徽大学出版社，2000：401.

② 陈鼓应注译．庄子今注今译［M］．北京：中华书局，1983：677.

至于《格列佛游记》的写作背景，我们同样从三个方面进行探讨：

1. 社会背景。17 世纪下半叶的英国动荡不安，政治和宗教方面的矛盾非常尖锐。先是查理回到英国实施复辟统治，其后又发生了 1688 年的大革命，威廉三世入主英国。此后英国才开始进入相对稳定的发展时期，大举发展工商业并进行殖民扩张。英国在西班牙王位继承战（1701—1714 年）中打败了法国，殖民地遍布印度、北美、西印度群岛。此时文坛上也出现了新局面，“更为明确的反对既往以传奇为主体的叙事文学，以普通个人的日常生活与情感为关注的中心，表现出写实主义与理想主义的特色。”① 一系列的现实主义小说，如菲尔丁的《弃子汤姆·琼斯的历史》、斯威夫特的《格列佛游记》等，广泛地反映了英国社会的现实生活。

2. 哲学思想。(1) 英国经验主义哲学在十七八世纪得到极大的发展。培根（1561—1626 年）的经验主义还不彻底，“他认为除去天启以外，一切知识都产生感觉”。② 霍布斯（1588—1679 年）则持唯物主义经验论，认为“感觉是一切思想的泉源”。③ 到了洛克（1632—1704 年），经验主义哲学得到进一步发展。洛克认为人类所有的知识都发展于经验，人类的观念有两个来源：一是感觉，一是“反省或内在的感

① 龚翰熊．欧洲小说史［M］．成都：四川大学出版社，1997：87.

② 〔美〕梯利著，伍德增补．西方哲学史（增补修订版）［M］．葛力译．北京：商务印书馆，1995：295.

③ 〔美〕梯利著，伍德增补．西方哲学史（增补修订版）［M］．葛力译．北京：商务印书馆，1995：297.

觉”①。洛克的信徒贝克莱（1685—1753 年）提出“存在就是被知觉”②，并进而否定物质世界的存在。总之，他们都以经验为知识的源泉或准则。受其影响，文学领域趋向于写实。（2）18 世纪欧洲发生了一场反封建的启蒙运动。这是一次具有深远影响的思想文化运动，目的是为推翻封建阶级的统治作舆论准备。启蒙思想家提出人道主义，要求自由、平等。启蒙运动“以理性为原则，要求人们思考并否定现存的一切制度的合理性；它把理性与人的天性（即自由平等）联系起来，要求按人的天性建立未来社会。”③ 伴随着这场运动，文坛上出现了启蒙文学。启蒙文学的特点之一就是强烈的现实主义色彩，“启蒙作家们在作品中注意直接描写现实生活，通过典型的日常生活的细节来表现现实社会的种种的关系。”④ 笛福的《鲁宾逊漂流记》（1719）、菲尔丁的《弃子汤姆·琼斯的历史》（1749）、斯威夫特《格列佛游记》（1726）都是英国启蒙文学的代表作品。

3. 文学影响。海上历险的故事在西方有其悠久的传统，古希腊文学中的荷马史诗《奥德修纪》就描写了特洛伊战争后希腊英雄奥德修斯返乡途中海上历险的故事。文艺复兴时期的人文主义文学及流浪汉小说对 18 世纪的英国文学也有影响，前者的现实主义传统影响到它的写实。后者流行于 16 世纪中叶西班牙文坛上，以描写下层人民生活为主，并通过主人公的视角来观察社会。“它往往采取第一人称，以自传的形

① 〔美〕梯利著，伍德增补．西方哲学史（增补修订版）［M］．葛力译．北京：商务印书馆，1995：346.

② 〔美〕梯利著，伍德增补．西方哲学史（增补修订版）［M］．葛力译．北京：商务印书馆，1995：375.

③ 蒋承勇．世界文学史纲（第 2 版）［M］．上海：复旦大学出版社，2002：101.

④ 蒋承勇．世界文学史纲（第 2 版）［M］．上海：复旦大学出版社，2002：102.

式描写主人公的所见所闻。”以人物的流浪经历来结构小说。“对近代欧洲小说的发展，特别对长篇小说的人物描写和结构模式，产生了积极而深远的影响。”①

二

这两部小说的故事情节大致相似，都是主人公先从现实世界进入一个虚幻的世界，后又重新回到现实世界这样一个过程。《徐玄之》叙述了徐玄之夜间读书时，看见蚍蜉国的王子带领部下狩猎、宴饮。因他用书卷蒙之，使王子受惊，故被带到蚍蜉国受审，并要受到处罚。后因蚍蜉国的大臣进谏及释梦，徐玄之被送回。其情节是主人公由人间进入蚍蜉国，又从蚍蜉国回到人间。《利立浦特游记》叙述格列佛在航海中遇到风暴，来到利立浦特，和利立浦特的人们交上朋友，并打败他们的敌人。此后格列佛却遭到皇帝和大臣的迫害，被迫逃回祖国。其情节同样是主人公由人间进入虚幻的国度，后又回到人间。

在相似的情节中，两篇小说有着共同的强烈奇幻色彩。《徐玄之》充分展现了作者丰富的想象力：数百人不仅可以在花毡上打猎，而且可以在石砚上宴饮歌舞，并能从石砚中钓出众多的鱼。如此小的空间竟能容纳庞大的队伍，并能在其中进行需要很大场地的活动。作者虽然没有将徐玄之和这些将士进行直接的对比，但其形体大小的极大反差我们是可以想象到的。这些均给人一种虚幻的感觉，但作者的描写又是细腻、

---

① 蒋承勇．世界文学史纲（第2版）［M］．上海：复旦大学出版社，2002：64.

逼真的，因而使作品呈现出如梦如幻、真假难辨的审美特色。奇幻色彩也存在于《利立浦特游记》中，利立浦特国的人和物小得非常奇特：人没有他的指头大，动物更小，田野只是像花园，京城小得像戏院里的布景，全副武装的人马可以在格列佛手巾上进行实战演习，而格列佛能将敌人的五十只战船拉走。这些情节都显得无比荒诞、奇异。无论是蚍蜉国还是利立浦特国都是作者经想象创造出来的，实际是一种不存在的“幻”。小说不是对生活的照搬，在其创作过程中必然要加进作者的想象和虚构，只是虚构的多少不同而已。想象与虚构使这两篇小说具有强烈的奇幻色彩，作品也显示出很高的审美价值。

首先，作者将熟悉的现实世界变形，使之发生异化。因而呈现在读者面前的世界是陌生的，与现实拉开了距离，因而更能吸引读者的注意。蚍蜉国和利立浦特国无疑是作者对现实世界的写照，这两个国家有着与现实世界相似的行为和现象：蚍蜉国的王子率领部下狩猎观渔、宴饮歌舞；利立浦特国内党派林立，争权夺势，国外连年血战。这是现实中存在的现象，但作者没有将这些直接描写出来，而是以夸张和想象之笔将其变形：他们的形体缩小了无数倍，异于常人。表面上看起来它们只是作者虚构出来的国度，从而与现实拉开了距离。这两个陌生的国度让读者感到很新奇，具有很大的吸引力。经过作者这样的奇幻处理，读者会更感兴趣，进而将其与现实进行对比，思索其中蕴含的深意。

其次，作者在创作过程中不仅运用虚构手段，还将幻想与现实结合起来，赋予作品以永恒的生命力。文学作品是对现实生活的形象反映，并能引起读者对现实问题的思考和反省。这两篇小说并没有脱离现实，而是将幻想与现实很好地结合起来：在现实的基础上进行虚构，并在虚幻的情节中折射出现实社会。我们可以在作品中找到现实的影子，如《利立浦特游记》中的高跟党与低跟党之争象征着英国托利党和辉格党之争，利立浦特和不来夫斯古之战象征英国和法国的西班牙王位继承战。作者在作品表层结构的下面寄寓着深意。蚍蜉国和小人国（利立浦特和不来夫斯古）都是作者虚构出来的，从外在形态看它们奇谲幻异，但在作品的深层意蕴中都包含了作者对社会政治的批判。这两个虚拟国度使作者充分发挥了其艺术想象力，进而使文学作品具有了很高的趣味性和吸引力。

两部小说除了共同具有的奇幻色彩外，这两篇小说在具体的情节上有很多不同的地方。如《徐玄之》中的蚍蜉国大臣上奏折进谏，国王请大臣为他释梦，这是中国小说特有的情节，不可能在外国小说中出现。而《利立浦特游记》中的海战则明显受到了古希腊小说的影响，是唐代小说中不可能出现的。这些差异也显示出两个民族不同的生存环境、历史及文学传统。

三

《徐玄之》对现实政治的批判是通过王子的游猎无度、蛮横无理和国王的刚愎自用、拒绝纳谏展开的。作者首先通过徐玄之的视角描写了王子率领部下打猎观渔、宴饮歌舞的情景，其规模之浩大、人数之众多、器具之繁复，展现了王子的奢侈无度。而王子饮酒时所说的："吾不习周公礼，不习孔氏书，而贵居王位。今此儒，发鬓焦秃，饥色可掬。虽孜孜矻矻，而又奚为？肯折节为吾下卿，亦得陪今日之宴”①。就充分暴露了他不学无术、傲慢自大、骄横无理的丑恶面目。作品中的蚍蜉国国王是一个昏庸的君主，对于王子受惊之事，国王没有追究王子的过错，而是把徐玄之带到蚍蜉国受审，并要对之施以刑罚。太史令马知玄进谏，国王非但不听，还将其斩首。这些均揭示出作为统治阶级的代表——国王和王子的腐朽不堪，也预示着国家即将走向毁灭的命运。李玫通过对蚍蜉国统治阶级的批判，表达了对所处的现实政治的不满。文宗、宣宗时期已是唐王朝的后期，各种矛盾尖锐复杂。大和五年，文宗欲除宦官，起初与宋申锡谋划。最后文宗却轻信谗言，多亏众多大臣的极力进谏，宋申锡才免于一死，被贬开州司马。大和九年文宗又酿成甘露事变，这些不能说不是统治阶级的过错。面对腐朽衰败的政治现实，李玫深有不满。但他的不满情绪只能在虚幻的世界里得到宣泄，通过对虚拟的统治阶级的批判来表达他的悲愤之情。

《利立浦特游记》也同样寄寓着作者对现实政治的批判。不过与《徐玄之》有所不同，它的批判是通过讽刺和夸张的手法进行的。据内务大臣讲，利立浦特国内外有两对不同的党派：高跟党和低跟党，大端派和小端派。而具有讽刺意味的是区分两党的依据仅是穿的鞋跟高低不同和打鸡蛋时先打大头还是先打小头。作者用绝妙之笔揭示出现实中的英国托利党和辉格党的争权夺势，及天主教和新教的复杂矛盾。作者还描写到利立浦特国的官员依靠跳绳得宠，从而获得高官厚禄，甚至在御杖上下跳跃爬行以赢得奖章。他们不仅凭借卑劣的手段谄媚皇帝，邀取

① （宋）李昉等．太平广记［M］．北京：中华书局，1961：3937.

宠信，还互相倾轧、钩心斗角、诽谤陷害别人。对于利立浦特皇帝的批判，作者并没有从正面进行，而是用运了反讽的手法。作者首先极力赞扬了皇帝的仪表“威武英俊”“面貌端庄，身躯四肢匀称，举止文雅，态度严肃”①。叙述者在叙述的过程中还一直称皇帝为伟大的君主。格列佛帮利立浦特打败不来夫斯古后，皇帝想进一步吞掉不来夫斯古，将它作为一个行省进行管辖。格列佛拒绝了他的无理要求，却招来了皇帝的怨恨。皇帝就和大臣陷害格列佛，诬蔑他私通敌国，并决定刺瞎他的双眼，使其慢慢饿死。对于这样残忍的刑罚，皇帝和阁员们还认为这是他们的宽大和恩典，而格列佛“会感激涕零，低声下气地接受这种刑罚”②。在对皇帝宽厚、仁慈的颂声中，小说暴露出其残忍、虚伪的真实面目。这种反讽的笔法是犀利的，深刻地批判了统治阶级的腐朽与反动，表达了作者对统治阶级的愤恨和不满。

李玫和斯威夫特都对现实持有批判精神，但如上所述，他们的表达方式是不同的。《利立浦特游记》的讽刺手法非常突出明显，这种手法在《徐玄之》中除了蚍蜉国王子因讥笑徐玄之而受惊略有显示外，其余地方并不太明显的。这与两个民族文化传统的不同有很大关系。传统儒家“乐而不淫，哀而不伤”③的中庸思想要求文章要写得温柔敦厚，作者即使有不满，也不能在文章中直接表达，而是要委婉地说出。因此中国古代文学作品的讽刺性远不像西方那样锋芒毕露，而西方一向张扬个性，强调个体的价值和意义。

---

① 斯威夫特．格列佛游记［M］．张健译，北京：人民出版社，1979：13.

② 斯威夫特．格列佛游记［M］．张健译，北京：人民出版社，1979：49.

③ 程树德．论语集释：卷6［M］．北京：中华书局，1990：198.

四

这两篇来自不同国度、不同时代的小说在叙事模式上既有相似之处，又有不同之处，笔者认为它们分别在叙事结构、叙事时间、叙事视角和叙述者四个方面呈现出异同：

首先，在叙事结构上：两篇小说都以主人公的遭遇为线索来组织结构全篇，且其叙述都是按现实世界——虚拟的国度——现实世界这样的模式展开的。《徐玄之》是以徐玄之的经历为线索，描写了他的所见所闻。《利立浦特游记》也同样是以格列佛的经历为线索展开叙述。他们都由人间进入虚幻的世界———蚍蜉国或小人国，最终回到人间。

其次，在叙事时间上：叙事文学中有故事时间和叙事时间之别。“所谓故事时间，是指故事发生的自然时间状态，而所谓叙事时间，则是它们在叙事文本中具体呈现出来的时间状态。前者只能由我们在阅读过程中根据日常生活的逻辑将它重建起来，后者才是作者经过对故事的加工提供给我们的现实的文本秩序。”①

1. 叙事的时间顺序有顺叙、倒叙、插叙、补叙、预叙等种类。顺叙是叙事时间序列与故事时间序列一致。当它们的顺序不一致时，就是逆时序。②《徐玄之》和《利立浦特游记》既有相同的时序，又有不同的时序。《徐玄之》基本的叙事时间顺序为顺叙，按情节发展的先后次序来叙述。其故事顺序是（1）徐玄之移居到一宅；（2）夜间看到蚍蜉

① 罗钢．叙事学导论［M］．昆明：云南人民出版社，1994：132.

② 童庆炳主编．文学理论教程（修订2版）［M］．北京：高等教育出版社，2004：253－254.

国王子和部下游猎宴饮；（3）徐玄之被带到蚍蜉国，君臣议其罪；（4）徐玄之被送回；（5）徐玄之掘土焚穴。叙述者正是按照此顺序来叙述的。此外，《徐玄之》还有预叙。国王梦到上帝对他说了几句话，就请群臣解释这个带有预言的性质的梦。螱飞对这个梦做了解释，认为其意是徐玄之将毁灭他们的国家。后来徐玄之果然掘土焚穴，毁灭了蚍蜉国。在这里，叙述者采用了梦的方式进行预叙。

《利立浦特游记》的叙事时间顺序基本上也是顺叙，叙事顺序与故事顺序相一致。叙述者按照格列佛经历的先后顺序来叙事，叙述了他在利立浦特的种种遭遇。同时《利立浦特游记》也存在插叙和预叙。叙述者在叙述的过程中介绍了利立浦特人民的学术、法律、风俗和教育，并借内务大臣的口介绍了利立浦特的国内外的政治情况。这些插叙虽把故事时间的顺序打乱，使之发生错位。但它是对故事情节的补充，使故事更完整、清晰。预叙的一个例子是格列佛帮皇帝打败不来夫斯古后，叙述者叙述道："从此以后，皇帝就和一撮对我不怀好意的阁员开始制造阴谋来陷害我。不到两个月工夫，阴谋暴露了，几乎达到了把我消灭掉的目的。"① 皇帝欲陷害格列佛，"我"事实上过去在这个时候还不知道，并且此时还没发生。叙述者将要发生的事提前叙述出来了，引起读者的阅读期待心理。

如上所述，两篇小说除了顺叙，都采用了预叙的叙述方式。但它们的预叙方式不同，《徐玄之》以梦的方式进行预叙，这是中国特有的，在中国早期的史传文学中已有；而继承古希腊《伊利亚特》等文学作

① 斯威夫特．格列佛游记［M］．张健译，北京：人民出版社，1979：32.

品预叙传统的《利立浦特游记》则直接进行预先叙述。

2. 时距是“故事时间与叙事时间长短的比较”，表现为省略、概述、场景和停顿四种基本形式。省略是“指故事时间无限长于叙事时间，或者说叙事时间几乎为零”。概述是“故事的实际时间长于叙事时间”。场景“一般是指与故事时间等同的人物对话”。停顿“指叙述时间无限制的延长。”① 透过时距，我们可以看到叙述者叙述的真正意图。《徐玄之》中的主要场景有五个，其一为蚍蜉国的王子和部下狩猎宴饮的情景，描写得非常细腻，反映了王子的奢侈无度。接下来的两个场景是太史令马知玄和螱飞上书进谏。第四个场景是马知玄的儿子马氏上书请求被贬到远方。最后一个场景是国王请大臣释梦，此梦预示着蚍蜉国将要灭亡。这五个场景的展开使叙述节奏舒缓。这篇小说还运用了概述和省略，概述如小说的开头简要地叙述了徐玄之移居到立义里一宅，交代了故事发生的背景和主要人物。此外，概述还有：徐玄之被带到蚍蜉国受审的过程；国王发怒将马知玄斩首；国王任命螱飞和马知玄为太史令；徐玄之掘土焚穴等。这些概述使舒缓的叙述节奏速度加快。省略的运用的一个例子是国王回候雨殿睡后，叙述者并没有叙述国王做了一个梦，而是将之省略。在《徐玄之》中概述、场景和省略三种叙述形式的交错使用，使叙述节奏疏密相间，突出了作品的中心意旨。作品从表面上看是写徐玄之的一次历幻，但其深层意蕴却是作者对腐朽政治的批判。

《利立浦特游记》也存在着概述、场景和省略叙述形态。作者在这

---

① 王平．中国古代小说叙事研究［M］．石家庄：河北人民出版社，2001：142－143.

则游记的开头简要地叙述了格列佛的家庭和过去的经历，交代了故事的背景和主人公的情况，这是概述。其场景如格列佛在海上遇难，来到一个陌生的岛上，被利立浦特人俘虏时的情节。省略有很多，叙述者没有叙述出格列佛在岛上九个多月中遇到的每一件事，而是将不必要交代的事省略掉了。《利立浦特游记》与《徐玄之》相比，多出了停顿，如叙述者在格列佛第一次见到国王时，对国王的外貌、服饰进行了详细地描写；格列佛受到搜查时，叙述者也对他的心理活动进行了描写。而《徐玄之》中此类的描写很少，只对王子的“赤帻”稍加提了一下。

3. 叙述频率：“日奈特将其区分为单一性叙述、重复性叙述和综合性叙述三种类型”，而“重复性叙述是指讲述若干次发生过一次的事。”① “这种重复的效果是使不断发展、流逝的生活事件中某些东西有节奏的重复显示，从而提示出一种恒定的意义或产生某种象征意蕴。”② 通过研究作品的重复性叙事，我们可以揭示出作品的深层意蕴。重复性叙事在《徐玄之》中表现得很突出，王子游猎受惊这件事在文本中从不同角度重复了四次。先是叙述者通过徐玄之的视角描写了这件事，接着骑兵带走徐玄之时再次叙述了此事。后来在徐玄之将要受刑时，马知玄、蜚飞上疏又提到这件事。同一件事被重复叙述多次，揭示出王子的游猎无度，从而使作品的主题得到强化。而这种叙事方式在《利立浦特游记》中表现得不太突出。

再次，在叙事视角上：《徐玄之》故事情节的前半部是通过描写徐

① 王平．中国古代小说叙事研究［M］．石家庄：河北人民出版社，2001：208.

② 童庆炳主编．文学理论教程（修订2版）［M］．北京：高等教育出版社，2004：256.

玄之的经历、见闻展开的，叙述者所叙述的大部分是出自徐玄之这一视角。叙述者只是将徐玄之能看到的客观地叙述出来，基本上采用了第三人称限制视角。如徐玄之看到王子游猎，但他不知“赤帻者”就是王子。但在故事情节的进展中，叙事视角发生了变化。马知玄、蜚飞和马氏上呈国王的奏疏，徐玄之是不可能看到的，但叙述者将奏疏的全部内容叙述出来了。还有国王在陵云台宴请百官，请群臣释梦，也是徐玄之未见的。显然在故事的后半部分，叙述者又采用了全知视角来叙事，无论是写蚍蜉国的君臣还是写徐玄之，其视点都出自叙述者。

《利立浦特游记》与《徐玄之》的叙事视角不同，它采用了第一人称视角叙事。整个故事的叙述行为都是由主人公格列佛来完成的，也就是说格列佛就是叙述者，同时他也是整个故事的亲身经历者。对利立浦特的景物、人物、发生的事件的叙述都出自格列佛的视角，并且格列佛自己将它们讲述了出来。当然格列佛在讲述的时候没有讲自己所不知道的事情，也就是说叙述者的叙述没有超越格列佛所知的范围。这和《徐玄之》的限知叙事方式一样，增加了故事的悬念，更能激起读者的兴趣。

它们的叙事视角选择和运用的差异是由各自的文化传统不同造成的。中国古代小说中第一人称视角很少，“跟小说源于史传的客观事实、史官文化的影响、儒家伦理文化影响下的民族审美思维、小说及小说家在文学史上的地位、统治者的干预等多种因素有关。”① 而西方强调个体、注重个人价值的文化观念，影响到第一人称叙事视角在文学上

① 陈才训．中国古典小说第一人称叙事缺席的文化思考［J］．人大复印资料，2005（11）：4.

的运用。第一人称视角早在《奥德赛》中就已采用，在斯威夫特之前的笛福《鲁宾逊漂流记》也运用了这一叙事视角。

最后，在叙述者上：两篇小说中叙述者与故事之间的距离不同。《徐玄之》具有客观叙事特征，它的叙述者置身于故事之外，作为旁观者来叙事。而《利立浦特游记》的叙述者则是故事中的一个人物，参与了故事的发展，并对故事中的人物、事件发表议论。因而它具有主观叙事的特征，其叙述带有强烈的感情色彩。

正如钱钟书所说："东海西海，心理攸同；南学北学，道术未裂"①，虽然中西各民族在文化传统、生活环境、民族信仰等方面具有显著差异，但是其本质都是一样的。他们的文学具有可通性，并未割裂。以上对唐小说《徐玄之》和英国小说《格列佛游记》中的《利立浦特游记》进行的比较就进一步说明了中西方文学有着共同的审美特性，这也是文学得以存在的根本价值。当然，由于受不同文化传统的影响，它们自身也存在着差异性。

（本文发表于《乐山师范学院学报》2006 年 9 月，第 21 卷第 9 期）

---

① 钱钟书．谈艺录·序（增补本）［M］．北京：中华书局，1984：1.

禄东赞故事的文化分析

勤劳智慧的藏民族在漫长的历史发展中，创造了辉煌的藏族文明，给后世留下了无数动人的民间传说。在众多的民间文学中，有关藏汉民族交往的故事，无疑是其中的奇葩。笔者现拟将有关文成公主入藏故事做一分析，并求教于方家。

在藏族文学中，有关松赞干布（Songtzen Gampo）迎娶文成公主的传说非常丰富。而在迎亲队伍中，禄东赞（Mgar stong btsan yul srung，噶尔·东赞域松）无疑是最引人注目的一位。他是松赞干布派往迎亲的使者，不辱使命，顺利地完成了迎娶任务。在现有西藏文学史中，这一传说被命名为“松赞干布迎娶文成公主的传说”①。其实，仔细考察这一传说故事，故事的主人公恰恰应该是禄东赞。因此，笔者宁愿将其改为“机智的禄东赞的故事”。在民间传说中，民间艺人塑造了一位机

① 中央民族学院《藏族文学史》编写组．藏族文学史［M］．成都：四川民族出版社，1985：28.

智勇敢的英雄——禄东赞——的形象。①

文成公主进藏，在唐史中有明确记载，其中迎亲的主角就是禄东赞。《旧唐书》卷三本纪三《太宗本纪》下：“（贞观）十五年（641年）春正月丁卯，吐蕃遣其国相禄东赞来逆女。丁丑，礼部尚书、江夏王道宗送文成公主归吐蕃。”② 《旧唐书》卷一百九十六上列传第一百四十六上《吐蕃上》则对事情的前后有较为详细的记载：“贞观八年（634年）……弄赞乃遣其相禄东赞致礼，献金五千两，自馀宝玩数百事。贞观十五年，太宗以文成公主妻之，令礼部尚书、江夏郡王道宗主婚，持节送公主于吐蕃。弄赞率其部兵次柏海，亲迎于河源。”③ 关于禄东赞的详细情况，《旧唐书》也做了记述：

永徽元年（650年），弄赞卒。高宗为之举哀，遣右武候将军鲜于臣济持节赍玺书吊祭。弄赞子早死，其孙继立，複号赞普，时年幼，国事皆委禄东赞。禄东姓薮氏，虽不识文记，而性明毅严重，讲兵训师，雅有节制，吐蕃之并诸羌，雄霸本土，多其谋也。初，太宗既许降文成公主，赞普使禄东赞来迎，召见顾问，进对合旨，太宗礼之，有异诸蕃，乃拜禄东赞为右卫大将军，又以琅邪长公主外孙女段氏妻之。禄东赞辞曰：“臣本国有妇，父母所聘，情不忍乖。且赞普未谒公主，陪臣安敢辄娶。”太宗嘉之，欲抚以厚恩，虽奇其答而不遂其请。禄东赞有子五人：长曰赞悉若，早死；次钦陵，次赞婆，次悉多干，次勃论。及

① 有关“禄东赞的传说”，详见《藏族文学史》第28~31页。其中有藏族传说中的“六难婚使”或“五难婚使”之说。但不论五难还是六难，故事的主人公均为禄东赞。

② （后晋）刘昫等撰．旧唐书［M］．北京：中华书局，1975：52.

③ （后晋）刘昫等撰．旧唐书［M］．北京：中华书局，1975：5221.

东赞死，钦陵兄弟複专其国。①

而有关禄东赞之死，《新唐书》有载：《新唐书》卷二一六《吐蕃上》《列传第一百四十一上》："显庆三年（658年），献金盎、金颇罗等，複请婚。未几，吐谷浑内附，禄东赞怨忿，率锐兵击之，而吐谷浑大臣素和贵奔吐蕃，诉以虚实，故吐蕃能破其国。慕容诺曷钵与弘化公主引残落走凉州，诏凉州都督郑仁泰为青海道行军大总管，率将军独孤卿云等屯凉、鄯，左武候大将军苏定方为安集大使，为诸将节度，以定其乱。吐蕃使论仲琮入朝，表吐谷浑罪，帝遣使者谯让，乃使来请与吐谷浑平憾，求赤水地牧马，不许。会禄东赞死。"②

《新唐书》对松赞干布迎娶文成公主的记载，多承袭《旧唐书》。如《新唐书》卷二百一十六上《列传》第一百四十一上《吐蕃》上载："贞观八年……（弄赞）遣大论薛禄东赞献黄金五千两，它宝称是，以为聘。十五年，妻以宗女文成公主，诏江夏王道宗持节护送，筑馆河源王之国。弄赞率兵次柏海亲迎，见道宗，执婿礼恭甚……（禄）东赞不知书而性明毅，用兵有节制，吐蕃倚之，遂为强国。始入朝，占对合旨，太宗擢拜右卫大将军，以琅邪公主外孙妻之。禄东赞自言：'先臣为聘妇，不敢奉诏。且赞普未谒公主，陪臣敢辞！'帝异其言，然欲怀以恩，不听也。有子曰钦陵、曰赞婆、曰悉多于、曰勃论。禄东赞死，而兄弟并当国。"③

从现存有关唐史史料中亦可以看出，有关文成公主出嫁吐蕃松赞干

① （后晋）刘昫等．旧唐书［M］．北京：中华书局，1975：5222－5223.

② （宋）欧阳修，宋祁．新唐书［M］．北京：中华书局，1975：6075.

③ （宋）欧阳修，宋祁．新唐书［M］．北京：中华书局，1975：6073－6075.

布，史有详载。而其中吐蕃方迎娶的重要代表就是禄东赞。史载：禄东赞以其明毅，占对合旨，深得太宗欢心，擢拜为右卫大将军，并以琅邪公主外孙段氏妻之。禄东赞出使大唐，成功迎娶文成公主，圆满完成使命，书写了藏汉民族交往的一段佳话。唐代著名画家阎立本所作的《步辇图》也描绘了太宗接见禄东赞这一盛举。图中禄东赞身着动物饰样的长袍、足蹬皂靴、头扎免冠朝巾，在唐朝礼宾官员和译员的陪同下，为松赞干布请婚，拜见步辇上的太宗。禄东赞浓重的眉毛，高高的鼻梁，连鬓的髯鬚，民族特点异常浓厚。且画中禄东赞全身略向前倾，两脚并拢，双手拱合致礼，神态谦恭。而微微蹙起的眉头与明亮的双眸，也显示出他“明毅”的性格内涵。

禄东赞全名噶尔·东赞宇松，汉文典籍记载不一，有作“薛禄东赞”、有作“筑禄东赞”的。① 他出身于吐蕃王室家族，生于今西藏山南隆子县列麦乡一个叫“冲萨”（意思为出生地）的地方，生年不详，卒于公元658年。

本文并非讨论禄东赞的事迹，主要是想探讨一下藏族民间传说中的“机智的禄东赞的故事”背后的文化意蕴。历史上，禄东赞出使大唐，顺利迎娶文成公主这一件事，在当时的吐蕃王朝，及以后的历史上无疑是一件盛举。民间艺人将其作为民族英雄进行塑造，也非常符合民间文学发生的机制。而在民间英雄的塑造过程中，许多民间美德及技艺被附会到他身上，使他成为民族英雄，非常符合此时民族的心理和民间文学的创作机制。在现在的《藏族文学史》及西藏历史中，还记载著禄东

① 见《太平环宇记》《通典》《唐会要》。

赞的故事，也即“五（或六）难婚使”的故事。故事大致为：贞观十五年，禄东赞携带众多的黄金、珠宝等，率领求婚使团，前往长安请婚。而天竺、大食、仲格萨尔以及霍尔王等也派了使者求婚，他们都希望能迎娶文成公主。唐太宗为了公平起见，让婚使们比赛，谁胜利了，便可把公主迎去。这便是传说中的“六试婚使”（又称“六难婚使”，也有“五试婚使”之说，大昭寺和布达拉宫内至今仍保存著描绘这一故事的壁画）。

第一试：绫缎穿九曲明珠。太宗让婚使们将一根柔软的绫缎穿过明珠（有说汉玉）的九曲孔眼。比赛开始，各国婚使想尽一切办法，但都因绸缎太软，无法穿过曲折的玉石。禄东赞则找来一只大蚂蚁，他将丝线的一头系在蚂蚁的腰上，在九曲孔眼的末端则抹上蜂蜜，蚂蚁闻到蜂蜜的香味，再借助禄东赞吹气的力量，便带著丝线，顺著弯曲的小孔，从孔中另一端爬了出来，绫缎也就随著丝线从九曲明珠中穿了过去。禄东赞赢得了第一场比赛的胜利。

第二试：辨认母马和马驹的母子关系。比赛中太宗让婚使们从一百匹母马和一百匹马驹中挑出哪一对是母子关系。有的婚使按毛色分，有的按老幼搭配，有提则以高矮相比，然而都弄错了。禄东赞把所有的母马和马驹分开关著，一天之中，只给马驹投料，不给水喝。第二日，当马驹被放回马群之中，它们口喝难忍，都去找到自己的母亲吃奶，由此便辨认出它们的母子关系。

紧接着，太宗又出题让指认百只雏鸡与百只母鸡的母子关系。禄东赞便把鸡全赶到广场上，撒了很多食料，母鸡一见吃食，就呼唤小鸡来吃，大多数小鸡跑到母鸡的颈下啄食去了。仍有一些顽皮的小鸡独自觅食，于是禄东赞学起鹞鹰的叫声，小鸡听见，急忙钻到了各自母亲的翅膀下藏起来，母鸡与雏鸡的关系再被确认开来。

第三试：要求各国婚使一日内喝完一百坛酒，吃完一百只羊，还要把羊皮鞣好。别的使者和随从匆匆忙忙地宰羊，又赶紧喝酒、吃肉，肉还没有吃完，人都酩酊大醉，哪里还能鞣皮子。禄东赞则让跟从的一百名骑士排成队杀了羊，并按次序小口小口喝酒，一小块一小块吃肉，又一变（边）鞣皮子，边吃边喝边干活，不到一天的功夫，吐蕃的使臣们的酒喝完了，肉也吃完了，皮子也鞣好了。顺利完成考验。

第四试：巧辨木头的根和梢。太宗交给婚使们松木一百段，让他们分辨其根和梢。禄东赞令人将木头全部投入水中。木头沉入水中部分为根部，而浮在水面的则为树梢。

第五试：巧识夜路。一天晚上，皇帝传召要各国婚使赴宫中商量事情。禄东赞在进宫途中为不致迷路，就在路上做了记号（有的说是涂上颜色）。到了皇宫以后，皇帝又叫他们回去，看谁晚上能顺利回去且不走错路。禄东赞凭着自己事先做好的记号，再次取得胜利。

第六试：辨认公主。这天太宗将文成公主安排在一群衣着华丽、相貌仿佛的500名宫女中，让各国婚使来辨认哪个是公主。其它使者都没有办法在如云的美女中辨认出哪位是公主，禄东赞则在曾经服侍过公主的汉族老大娘的帮助下，在500名美女中辨认出了公主，完成了迎亲使命。①

---

① 参见萨迦·索南坚赞，陈庆英等译．王统世系明鉴（汉文本）［M］．沈阳：辽宁人民出版社，1985：81－87；五世达赖喇嘛，郭和卿译．西藏王统记（汉文本）［M］．北京：民族出版社，1982：31－33；藏族文学史［M］．成都：四川民族出版社，1985：29－30.

从中我们可以看出，不论是五难还是六难使者，其中的主角无疑是禄东赞。而其中的几则难题故事，则带有强烈的民间文化的色彩。如蚁穿九曲明珠、小鸡寻母、马驹觅母马、吃肉熟羊皮、巧辨木头的根和梢、巧识夜路、辨识公主等，无不具有民间叙事的特点，杂合种种而到一个人身上，通过民间略显拙朴又富含机智的叙事，塑造出了机智的婚使禄东赞的形象。“故事情节波澜起伏，柳暗花明，引人入胜。几次智慧比赛，一波刚平，一波又起。比赛的内容都是日常生活和劳动司空见惯的事物，但解决的方法确实那麽的新颖奇特，出人意料而又合乎生活逻辑，充满生活气息。在这方面，噶尔·东赞这个人物形象，在很大程度上，变成了劳动人民智慧的集中代表。”① 而就是这些颇具藏族特色的民间故事中，其实，也有着深厚的文化影响在，笔者不揣浅陋，试将这里面几则故事与源自古印度的佛经故事做一对照分析，揭示禄东赞故事背后的文化原因和其间的文化影响。

佛经有关故事——元魏西域三藏吉迦夜共昙曜译《杂宝藏经》卷第一（四）《弃老国缘》：

佛在舍卫国，尔时世尊，而作是言：“恭敬宿老，有大利益，未曾闻事，而得闻解，名称远达，智者所敬。”诸比丘言：“如来世尊！而常赞叹恭敬父母耆长宿老！”佛言：“不但今日，我于过去无量劫中，恒恭敬父母耆长宿老。”诸比丘白佛言：“过去恭敬，其事云何?”佛言：“过去久远，有国名弃老。彼国土中，有老人者，皆远驱弃。有一大臣，其父年老，依如国法，应在驱遣。大臣孝顺，心所不忍，乃深掘

① 中央民族学院《藏族文学史》编写组．藏族文学史［M］．成都：四川民族出版社，1985：31.

地，作一密屋，置父著中，随时孝养。尔时天神，捉持二蛇，著王殿上。而作是言：‘若别雄雌，汝国得安。若不别者，汝身及国，七日之后，悉当覆灭。’王闻是已，心怀懊恼。即与群臣，参议斯事，各自陈谢，称不能别。即募国界，谁能别者，厚加爵赏。大臣归家，往问其父。父答子言：‘此事易别。以细软物，停蛇著上。其躁扰者，当知是雄。住不动者，当知是雌。’即如其言，果别雄雌。天神複问言：‘谁于睡者，名之为觉？谁于觉者，名之为睡？’王与群臣，複不能辩。複募国界，无能解者。大臣问父：‘此是何言？’父言：‘此名学人。于诸凡夫，名为觉者。于诸罗汉，名之为睡。’即如其言以答。天神又複问言：‘此大白象，有几斤两？’群臣共议，无能知者。亦募国内，複不能知。大臣问父，父言：‘置象船上，著大池中，画水齐船，深浅几许，即以此船，量石著中，水没齐画，则知斤两，即以此智以答。’天神又複问言：‘以一掬水，多于大海，谁能知之？’群臣共议，又不能解，又遍募问，都无知者。大臣问父：‘此是何语？’父言：‘此语易解。若有人能信心清淨，以一掬水，施于佛僧及以父母困厄病人。以此功德，数千万劫，受福无穷。海水极多，不过一劫，推此言之。一掬之水。百千万倍，多于大海。’即以此言，用答天神，天神複化作饿人，连骸拄骨，而来问言：‘世颇有人饥穷瘦苦剧于我不？’群臣思量，複不能答。臣複以状，往问于父。父即答言：‘世间有人，悭贪嫉妒，不信三宝，不能供养父母师长，将来之世，堕饿鬼中。百千万岁，不闻水穀之名，身如太山，腹如大穀，咽如细针，发如锥刀，缠身至脚，举动之时，支节火然。如此之人，剧汝饥苦，百千万倍。即以斯言，用答天神。天神又複化作一人，手脚杻械，项复著锁，身中火出，举体燋烂。

而又问言：‘世颇有人苦剧我不?’君臣率尔，无知答者。大臣複问其父。父即答言：‘世间有人，不孝父母，逆害师长，叛于夫主，诽谤三尊。将来之世，堕于地狱。刀山剑树，火车炉炭，陷河沸屎，刀道火道。如是众苦，无量无边，不可计数，以此方之，剧汝困苦，百千万倍。’即如其言，以答天神。天神又化作一女人，端政瑰玮，踰于世人。而又问言：‘世间颇有端政之人如我者不?君臣默然，无能答者。臣複问父：‘父时答言，世间有人，信敬三宝，孝顺父母，好施忍辱精进持戒，得生天上。端政殊特，过于汝身，百千万倍。以此方之，如瞎猕猴。’又以此言，以答天神。天神又以一真檀木方直正等，又複问言：‘何者是头?’君臣智力，无能答者。臣又问父。父答言：‘易知：掷著水中，根者必沉，尾者必举。’即以其言，用答天神。天神又以二白騲马形色无异，而複问言：‘谁母谁子?’君臣亦複无能答者。複问其父。父答言：‘与草令食，若是母者，必推草与子。’如是所问，悉皆答之。天神欢喜，大遗国王珍琦财宝。而语王言：‘汝今国土，我当拥护，令诸外敌不能侵害。’王闻是已，极大踊悦。而问臣言：‘为是自知，有人教汝，赖汝才智，国土获安。既得珍宝，又许拥护，是汝之力。’臣答王言：‘非臣之智，愿施无畏，乃敢具陈。’王言：‘设汝今有万死之罪，犹尚不问，况小罪过?’臣白王言：‘国有制令，不听养老。臣有老父，不忍遣弃，冒犯王法，藏著地中，臣来应答，尽是父智，非臣之力。唯愿大王，一切国土，还听养老。’王即歎美，心生喜悦，‘奉养臣父，尊以为师，济我国家一切人命，如此利益，非我所知。’即便宣令，普告天下。不听弃老，仰令孝养。其有不孝父母，不敬师长，当加大罪。尔时父者，我身是也。尔时臣者，舍利弗是。尔时王者，阿闍世是。尔时天神，阿难是也。①

《弃老国缘》中共讲述了 8 个故事，表达了对老人智慧的彰显和尊老敬老的无限功德。其中就有辨认木头的根和梢、辨认母马和马驹母子关系两个故事。如果单纯从比较文学的发展来看，机智的禄东赞故事中的第二试、第四试类似故事与佛经弃老国缘相应故事非常相似，应该是佛经传入吐蕃后，民间艺人在受到古印度佛经故事的影响启发，糅合古印度故事而将其改编为吐蕃民间故事，附会到大英雄禄东赞身上的，创造出了辉煌宏大的西藏民间故事——机智的禄东赞的故事。

从故事母题的比较中可以看到，机智的禄东赞故事是受到佛经故事的影响而产生的，从佛经故事给予了禄东赞故事以滋养而使其更为丰厚，故事更为波澜起伏，传统的禄东赞故事无疑是受到了佛经文化的影响的。但我们谈论这些的前提却是佛教在西藏的发展。在深入考察了吐蕃佛教发展史后，我们却感到问题不是这么简单，其背后有着深厚的历史文化内涵。

根据西藏佛教史载：松赞干布时期，佛教正式传入了吐蕃。当时虽已有佛寺，但佛法并未兴盛。张毅先生说："虽然早在七世纪上半叶，松赞干布时，佛教就已随文成公主和尼波罗国的赤尊公主而传入西藏，但信仰者只是公主随从人员及少数人士，当时苯教势力根深蒂固，一般藏族人民并不信仰佛教……佛教在西藏普遍传播是在慧超之后的赤松德赞（755—797 年）在位时期事。"②

① 高楠顺次郎编．大正新修大藏经：第 4 卷［M］．台北：台北财团法人佛陀教育基金会，1990：449－450.

② （唐）慧超原，张毅．往五天竺国传笺释［M］．北京：中华书局，2000：67.

西藏佛教史研究专家王辅仁先生更认为："松赞干布死于公元六五〇年，从他死后直到八世纪初的半个多世纪里，佛教在吐蕃并没有获得多大的发展。这主要由两个方面的原因，一是松赞干布后面的两代赞普芒松芒赞和都松芒波结时都是贵族噶尔氏家族当权，吐蕃王朝的主要精力放在武力扩张上，王室虽然在扶持佛教，但王朝的实权把持在信奉本教的贵族大臣手中……在这一时期的吐蕃历史上，赞普王室与贵族大臣曾进行过激烈的斗争，特别是都松芒波结为了王室在政治上取得实权做过一番努力。他曾以'出猎'为名，调兵消灭噶尔家族，杀其亲党二千余人，接著又下令召还镇守青海的噶尔·钦陵。公元六九八年噶尔·钦陵起兵反对赞普，结果兵败自杀，专权大半个世纪之久的噶尔家族彻底败亡。"①

从这些论述可知，松赞干布时代，噶尔氏家族信奉苯教，禄东赞并不信奉佛教。而我们刚通过对禄东赞传说与佛经传说故事的分析，我们认为机智的禄东赞的故事是受到了佛教文化的影响而产生的一个西藏民间故事。似乎，禄东赞本人与佛教有某种因缘。但历史恰恰是相反的。禄东赞本人生前是信奉苯教、反对佛教的。那么，为什么一个佛教故事却要附会到一个不信自己教义的异教徒身上呢？熟知宗教发展史的人都会知道，这其实是宗教发展中的一个策略。在宗教传播中，教徒们总会拉一下当时或者历史上的名人作为自己的信众，来扩大本教的势力。而西藏佛教至赤松德赞、热巴巾（卒于841年）时，始达到高潮。因此，笔者认为机智的禄东赞的故事，应该是在西藏佛教兴盛时期及其后出现

① 王辅仁编著．西藏佛教史略［M］．西宁：青海人民出版社，2005：26－27.

的一个故事，而不应该是在禄东赞活着的时代，即松赞干布时代（公元七世纪）的故事。也就是说，即使是在禄东赞生前，因为其地位及迎亲这一壮举，民间已有一些有关他的民间传说存在，但我们今天所看到的“五难”（或“六难”）这个传说的版本，则应该是在公元八世纪佛教在西藏大盛后出现的。

再细查吐蕃佛经翻译的历史我们也应知道，吐蕃翻译佛教经典，从赤松德赞时起，主要是从梵文译成藏文，少量的是从汉文或其他文字译成藏文。内容上以大乘显宗为主。[①]《杂宝藏经》属阿含经系统。汉译本最早由元魏吉迦夜与昙曜二人合译，全经共计有十卷（亦有八卷或十三卷者）。《杂宝藏经》辑录了关于佛陀、佛弟子，以及佛陀入灭后的种种因缘，共有一百廿一章，其中大部分是与佛陀有关的故事。全经多叙故事，由因缘譬喻的寓言故事来阐示佛教的因果轮回思想，其中特别强调孝养、施舍、教化等诸种原始佛教的道德观。而《弃老国缘》借老人，讲述了很多人生智慧。这些小故事后来成为了很多民间故事的源头，经民间艺人的加工，遂成为许多更为动人的民间故事。

松赞干布时代佛教虽传入吐蕃，但其时吐蕃的主要信仰应为苯教，而松赞干布时代的权臣禄东赞家族则为苯教的坚定信仰者和支持者，其后噶尔氏被灭，佛教才逐渐兴盛。而若干年后兴盛后的佛教，又将佛经故事附会到以前的论敌苯教徒身上，才有了更为波澜起伏的机智婚使禄东赞的传说故事。

---

① 王辅仁编著．西藏佛教史略［M］．西宁：青海人民出版社，2005：56.

历史往往就是这样的奇异：从前佛教的敌人后来却不知不觉中成了佛教故事的主角，这就是这个民间故事背后的文化内涵。机智的禄东赞的传说，在漫长的发展演变中，由一个民间故事承载了许多中外文化交流和历史风云的涤荡，这也是这个故事的魅力所在吧。

吐蕃诗人“明悉猎”

——从一次诗歌唱和大会说起

唐代文化的繁盛原因至今还是那样让人着迷，人们从很多方面找出许许多多的答案，但唐王朝的包容并蓄的文化态度无疑是其文化繁盛自信的一个重要因素。大唐文化对周边国家来说具有很强的吸引力，据正史记载，当时大唐周边的新罗、日本、吐蕃等纷纷派遣人员来长安学习。而在诸多的遣唐使中，日本的学习无疑是非常成功和明显的，后世关于日本遣唐使的研究也最为充分。唐代，唐蕃关系密切。吐蕃仰慕唐文化，也曾如日本、新罗一样派遣人员到长安进行学习。而有关吐蕃到长安学习的使者中，这些人员是如何在长安进行学习以及他们回到吐蕃后又是如何将所学运用到他们日后的生活中的，相关文献记载则较为模糊。所幸在《全唐诗》中有一位来到长安的使者的一句诗歌，让我们对吐蕃使者进而对当时吐蕃对唐诗的学习大致有了一点了解。

《全唐诗》卷二唐中宗李显景龙四年（710 年）正月五日与群臣唱和柏梁体诗《景龙四年正月五日移仗蓬莱宫御大明殿会吐蕃骑马之戏

因重为柏梁体联句》①，记载了当时的这次诗坛盛会：

大明御宇临万方（帝），顾惭内政翊陶唐（皇后）。

鸾鸣凤舞向平阳（长宁公主），秦楼鲁馆沐恩光（安乐公主）。

无心为子辄求郎（太平公主），雄才七步谢陈王（温王重茂）。

当熊让辇愧前芳（上官昭容），再司铨筦恩可忘（吏部侍郎崔湜）。

文江学海思济航（著作郎郑愔），万邦考绩臣所详（考功员外郎武平一）。

著作不休出中肠（著作郎阎朝隐），权豪屏迹肃严霜（御史大夫窦从一）。

铸鼎开岳造明堂（将作大匠宗晋卿），玉醴由来献寿觞（吐番舍人明悉猎）。

（《唐诗纪事》云："时上疑窦从一、宗晋卿素不属文，未即令续。二人固请，许之。吐蕃舍人明悉猎请令授笔，与之。悉猎云云。上大悦。赐与衣服。"）

中宗时期，君臣欢洽唱和，联为柏梁体，诚为文学之盛会，实乃当日之实际。初唐时仍沿袭六朝文学，宫廷文学盛行，与会者多为当时之君臣名流。君臣上下在欢娱之际，风雅地以诗句接龙，从《全唐诗》中所载此诗诗题亦可见当时之流风余韵。而这首柏梁体自然与唐诗中李、杜、韩、柳等大家之作本无可比之处，艺术上亦无多少特色。惟其中最后一句，乃当时吐蕃入唐晋见之使者，且参与当日中宗君臣之诗歌酬唱，而这些是当时之史书及文学不曾记载者，因此有较多可申述者。

---

① （清）彭定求等编.《全唐诗》卷二［M］. 北京：中华书局，1960：24－25.

唐中宗前后两次即位：第一次于弘道元年（683年）即位，母亲武则天临朝称制。次年，被武则天废为庐陵王，并先后迁于均州、房州等地。圣历二年（699年）又被召还洛阳，复立为皇太子。第二次为神龙元年（705年）九月，宰相张柬之等发动政变，杀死张易之、张昌宗等，拥立中宗复位，废周为唐。即位后，中宗放宫女3000余人出宫，但朝政实际上仍为韦皇后、武三思等人所左右。武、韦后勾结，将张柬之等人排挤出朝。景龙元年（707年）太子李重俊发兵诛武三思等人，事败被杀。中宗在位期间，努力恢复唐朝旧制，免除租赋，设十道巡察使，置修文馆学士，发展与吐蕃的经济、文化交往，实行和亲政策，将金城公主嫁给吐蕃赞普，保证了边疆地区的稳定。唐中宗前后两次当政，共在位五年多，景龙四年（710年）六月，被妻子韦后和女儿安乐公主毒害，终年55岁，葬于定陵（今陕西省富平县西北十五里的凤凰山）。

《全唐诗》卷二收录了中宗皇帝存诗及联句诗七首，而《全唐诗》记载之景龙四年元月五日事，在新、旧《唐书》没有记载。当然，因为只是一件君臣间诗文唱和之事，在记载军国大事之正史中没有记载也好理解。在《旧唐书》卷七《中宗本纪》仅记载有：（景龙三年十一月）“吐蕃赞普遣其大臣尚赞吐来逆女。”①（景龙）“四年春正月乙卯，于化度寺门设无遮大斋。丙寅上元夜，帝与皇后微行观灯，因幸中书令萧至忠之第。是夜，放宫女数千人看灯，因此多有亡逸者。丁卯夜，又微行看灯。丁丑，命左骁卫大将军、河源军使杨矩为送金城公主入吐蕃

① （后晋）刘昫等．旧唐书［M］．北京：中华书局，1975：148.

使。己卯，幸始平，送金城公主归吐蕃。"①

在《旧唐书》卷一百九十六上《列传》第一百四十六上《吐蕃》中有与此较为关联的记载："景龙三年十一月，（吐蕃）又遣其大臣尚赞吐等来迎女，中宗宴之于苑内球场，命驸马都尉杨慎交与吐蕃使打球，中宗率侍臣观之。"② 于景龙四年正月下制送金城公主入藏。《新唐书》卷四《中宗本纪》对此记载至简，未提及相关事宜。《新唐书》卷二百一十六上《吐蕃列传》于景龙二年则记载有："（景龙二年）明年，吐蕃更遣使者纳贡，祖母可敦又遣宗俄请昏。帝以雍王守礼女为金城公主妻之，吐蕃遣尚赞咄名悉腊等逆公主。帝念主幼，赐锦缯别数万，杂伎诸工悉从，给龟兹乐。诏左卫大将军杨矩持节送。帝为幸始平，帐饮，引群臣及虏使者宴，酒所帝悲涕嘘欷，为赦始平县，罪死皆免，赐民繇赋一年，改县为金城，乡曰凤池，里曰怆别。"③ 司马光《资治通鉴》对此事记载更为简单，与此诗相关的也没有记载。

从这些正史文献的记载，我们再回到《全唐诗》，可以得知此事实在景龙四年正月五日，中宗李显在春节过年之际兴致颇高，不仅参加了寺院的无遮大会，还赏花灯，观赏臣下骑马打球之戏，玩得不亦乐乎！而在游赏之余，君臣一起联唱，则是初唐宫廷文学发生之实际。在与群臣的柏梁联句中，不论是中宗皇帝，还是韦后、太平公主、上官昭容，以及吏部侍郎崔湜、著作郎郑愔、考功员外郎武平一、著作郎阎朝隐、御史大夫窦从一，均乃当时社会显贵名流，都能从自己的身份与职责出

---

① （后晋）刘昫等．旧唐书［M］．北京：中华书局，1975：149.
② （后晋）刘昫等．旧唐书［M］．北京：中华书局，1975：5226.
③ （后晋）刘昫等．新唐书［M］．北京：中华书局，1975：6081.

发，当场吟诵出了非常符合各自身份的诗句，因此在后世计有功的《唐诗纪事》中还补充了这次柏梁体联唱中的小插曲：中宗起初对这次参与唱和联句的窦从一、宗晋卿二人的诗歌水平不以为意，甚为担心二人在众人唱和之中可能会出丑，因此起初并没有要求两人参与这次赓和，但二人在这样一个热烈的诗歌氛围中怎可不参与？因此二人积极要求参加唱和，中宗也就答应了二人的参与。没想到二人的联句亦合乎各自身份和职责，诗歌水平也得到了中宗的赏识。可以说整个诗歌唱和活动非常热闹圆满。从帝王、皇后到贵戚重臣，都很好地运用了当时流行的七律，于陶陶雍容中讴歌了当时祥和的社会，可以说是初唐社会和诗歌的代表。

而整个联句的最后一句的作者明悉猎，又载为明悉腊、名悉猎，为吐蕃舍人，从正史记载我们可以得知此人乃吐蕃派往长安迎娶金城公主的迎亲之人，他也有幸参加了中宗君臣春节的联唱活动，在柏梁联句中曰：玉醴由来献寿觞。此句显得非常得体，既符合内地春节过年喜庆的时节，又表达了吐蕃赞普对唐中宗的敬意，因此，明悉猎的联句写得相当好。而根据前引新、旧《唐书》记载，此次迎娶金城公主的大使乃尚赞吐，并非明悉猎。而《唐诗纪事》记载明悉猎职位为吐蕃舍人。另，此次迎娶金城公主这件大事中，吐蕃的大使乃尚赞吐，明悉猎明显是一个随从使者。但通过《全唐诗》中宗君臣此次唱和活动的以诗证史，也可以让我们对明悉猎刮目相看，对其诗歌水平和诗歌技艺颇为惊异。

在新、旧《唐书》及《资治通鉴》中，明悉猎的出现并不仅限于这次公元710年的金城公主迎娶事上，在关乎军国大事的开元年间又有出现。《旧唐书》卷八《玄宗本纪》：（开元十八年）“冬十月，吐蕃遣其大臣名悉猎献方物，请降，许之。”① 《旧唐书》卷一百九十六上《吐蕃列传》载：（开元十七年）“上（玄宗皇帝）然其言，因令惟明及内侍张元方充使往问吐蕃。惟明、元方等至吐蕃，既见赞普及公主，具宣上意。赞普等欣然请和，尽出贞观以来前后敕书以示惟明等，令其重臣名悉猎随惟明等入朝。”② “十八年十月，名悉猎等至京师，上御宣政殿，列羽林仗以见之。悉猎颇晓书记，先曾迎金城公主至长安，当时朝廷皆称其才辩。及是上引入内宴，与语，甚礼之。赐紫袍金带及鱼袋，并时服、缯彩、银盘、胡瓶，仍于别馆供拟甚厚。悉猎受袍带器物而却进鱼袋，辞曰：‘本国无此章服，不敢当殊异之赏。’上嘉而许之。”③《资治通鉴》卷二百一十三《唐纪二十九》载：“（开元十八年）冬，十月，遣其大臣论名悉猎随惟明入贡，表称：‘甥世尚公主，义同一家。中间张玄表等先兴兵寇钞，遂使二境交恶。甥深识尊卑，安敢失礼！正为边将交构，致获罪于舅；屡遣使者入朝，皆为边将所遏。今蒙远降使臣，来视公主，甥不胜喜荷。傥使复修旧好，死无所恨！’自是吐蕃复款附。”④ 让我们对明悉猎的身份及内在之文雅有了更深层次的认识。

正史中记载的名悉猎即为《全唐诗》中的明悉猎。而此人之身份则从景龙四年（710 年）的迎亲随从人员变为开元十八年（730 年）的吐蕃重臣，前后二十年时间，明悉猎的地位身份发生了巨变，从“吐

① （后晋）刘昫等．旧唐书［M］．北京：中华书局，1975：196.
② （后晋）刘昫等．旧唐书［M］．中华书局，1975：5230－5231.
③ （后晋）刘昫等．旧唐书［M］．北京：中华书局，1975：5231.
④ （北宋）司马光．资治通鉴［M］．北京：中华书局，2011：6910－6911.

蕃舍人”升职为吐蕃“论”（相当于唐之宰相）。据陈尚君老师考证：名悉猎在唐中宗景龙二年（708 年）任吐蕃御史，随宰相尚钦藏使唐。次年为舍人，迎请金城公主归藏。玄宗开元年间，官至吐蕃重臣，又多次使唐。名悉猎略通华文，颇晓书记，有才辨，对促成唐与吐蕃之和好颇有功绩。事迹散见新、旧《唐书·吐蕃传》与《册府元龟》卷一一〇、卷九七四、卷九七九、卷九八一。① 而史书由于记载重心的要求，着重记载了他作为吐蕃重臣在处理唐蕃之间在河西冲突中的智慧和个人魅力。据《旧唐书》记载，在此之前的开元十五、十六年，唐蕃在河西战争频繁，且吐蕃在河西战争中，失利颇多。因此，明悉猎此次出使大唐，更多的是出于政治目的，到唐王朝请和。而明悉猎本人对于汉文化了解颇多，因此在这次请和中，也因个人魅力再次得到了玄宗皇帝的嘉许。其实，明悉猎本人在景龙四年与中宗君臣的柏梁唱和中，就已经显示出他个人娴雅的汉文化素养，而他在此后二十年，在求和这个外交大事上得到玄宗皇帝的嘉许也就很好理解了。从明悉猎“舍人”到“论”名悉猎，他的职官的升迁的同时，他的汉文化水平历经二十年的砥砺应该更是炉火纯青，但很可惜这次没有像上次那样参与皇帝的诗会，而是与正值开元盛世的玄宗皇帝在庙堂进行外交活动，遗憾地再没有留下诗文佳句……

在大唐时期，吐蕃积极向唐文化学习，不仅派人去长安求取汉地经典，还派遣人员专门到长安学习。而长安是当时唐诗创作的中心，吐蕃使者到长安学习，不可能不受到当时流行的唐诗文化的熏染，而他们是

① 见周勋初主编．唐诗大辞典［M］．南京：江苏古籍出版社，1990：113.

如何学习唐诗的？今天遗留下来的典籍中虽没有明文记载，但在中宗皇帝景龙四年正月五日的这次柏梁体联唱中吐蕃使者明悉猎的这一句赓和就明确告诉我们：吐蕃人是认真学习过唐诗，并能娴熟地运用唐诗文化进行创作的！

佛典譬喻与西藏民间故事比较研究

——以《金玉凤凰》为中心

中国民间故事与汉译佛典间渊源关系的研究，一直备受学界关注，涌现了诸多研究成果。其中所论，既有平行研究，也有影响研究。就汉译佛典文体而言，学界关注较多的是本生故事与民间故事间的交涉与影响。佛典譬喻与民间故事间关系的研究，诚如刘守华先生所言，目前还较少有人论及。① 笔者以学界关注较少的西藏民间故事集《金玉凤凰》为中心，对其中所收 17 则民间故事进行了仔细比对，在考察其佛典渊源的基础上，利用汉译佛典文体学的相关理论加以分析，从构成要素、文体功能诸方面，揭示出由佛典譬喻到藏族民间故事所发生的流变及其文化内涵，以求教于方家。

一、譬喻含义略述

譬喻，也称“比喻”，在汉译佛典中大致可分成三类：一为相当于

① 刘守华．佛典譬喻经与中国民间故事［J］．文化遗产，2010（3）：91－102.

修辞学中的譬喻，可分成直喻和隐喻两种；二是例证，属因明三支中的譬喻支；三是佛经中九分教或十二部经中的一种，主要用于记载佛及弟子、居士等圣贤之行谊风范，其间往往贯穿着业报因缘等内容，常与本生、因缘杂用，目的在于教化之用。其中第三种最为人们所熟悉。

在佛经文学中，主要有两种意义上的譬喻：一为修辞学意义上的譬喻，相当于比喻；二为文学类型或文体学上的譬喻，也称之为譬喻。无论是作为辞格的比喻，还是文体意义上的譬喻经，目的均在于方便说法，如《长阿含经》卷七曰："诸有智者，以譬喻得解，我今更当为汝引喻。"①《大般涅槃经》卷五云："佛赞迦叶：善哉善哉，善男子，以是因缘，我说种种方便譬喻以喻解脱。"②《大智度论》卷三十五亦云："譬喻为庄严论议，令人信著。故人五情所见以喻意识，令其得悟，譬如登楼得梯则易上。"③ 佛教认为，有情众生不论根机利钝，都可以通过譬喻说法之方式，获解佛理。

因佛教譬喻之重要目的之一在于方便说法，在诸如讲经与唱导等佛教宣教方式中，就经常引用譬喻经典，宣扬佛理。如东晋康法邃《譬喻经序》中云："《譬喻经》者，皆是如来随时方便四说之辞，敷演弘教训诱之要。牵物引类，转相证据，互明善恶罪福报应，皆可寤心，免

---

① （后秦）佛陀耶舍 竺佛念译．长阿含经［M］//大正新修大藏经［Z］．台北：新文丰出版社股份有限公司，1983：43C.

② （北凉）昙无谶译．大般涅槃经［M］//大正新修大藏经［Z］．台北：新文丰出版社股份有限公司，1983：396B－396C.

③ （后秦）鸠摩罗什译．大智度论［M］//大正新修大藏经［Z］．台北：新文丰出版社股份有限公司，1983：320A.

彼三涂。”① 又《高僧传》卷十四云：“唱导者，盖以宣唱法要，开导众心也。昔佛法初传，于时齐集，止宣唱法名，依文致礼。至中宵疲极，事资启悟，乃别请宿德，升座说法。或杂序因缘，或傍引譬喻。”②今存敦煌文献中，也出现了专讲譬喻经典的讲经文。同样，在由佛经故事到民间故事的演变过程中，随着佛经故事大量地流入民间，经过民间艺人的加工创作，佛经故事演变为民间故事，以口头传播的方式代代相传，而佛教譬喻也在传播中获得了进一步发展。

二、《金玉凤凰》与佛典譬喻

佛典譬喻作为佛教宣教时的重要内容之一，由于其内容的贴近民间而成为民间故事重要的取材来源。笔者通过对《金玉凤凰》的研读，即发现《金玉凤凰》中有不少故事来源于佛典，其中源于佛典的25则故事中，就有17则与佛典譬喻故事密切相关。

《金玉凤凰》是田海燕先生搜集、整理、改编而成的大型西藏民间故事集，田先生“从一九五四年春季送西藏代表过三峡时开始搜集，一九五六年夏季开始整理，一九五七年春季开始研究”③，直到1961年才结集成书，前后历时八年之久。整个故事集以寻找金玉凤凰为中心，借鉴了西藏民间故事《若钟》（又称《尸语故事》（李朝群译本）或

① （梁）僧祐撰，苏晋仁点校．出三藏记集［M］．北京：中华书局，1995：354－355.

② （梁）慧皎撰，汤用彤校注．高僧传［M］．北京：中华书局，1992：521.

③ 田海燕．金玉凤凰［M］．上海：少年儿童出版社，1980：220.

《说不完的故事》（王尧译本））的结构形式①，借金玉凤凰之口，讲述了58个藏族民间故事②。其中25个故事，与佛经故事有关，且17个为譬喻故事。为探明二者间之渊源关系，列表述次如下。

表1：《金玉凤凰》与佛典譬喻渊源关系

序号	民间故事篇名	佛典譬喻寓题	佛典譬喻来源	譬喻类型
1	《刻舟求剑》	乘船失釪喻	求那毗地译《百喻经》卷一	独立完整型
2	《只造第三层楼》	《三重楼喻》	求那毗地译《百喻经》卷一	独立完整型
3	《半个粑粑可以充饥》	《欲食半饼喻》	求那毗地译《百喻经》卷三	独立完整型
4	《打锅熄火》	《煮黑石蜜浆喻》	求那毗地译《百喻经》卷一	独立完整型
5	《催长的灵药》	《医与王女药令卒长大喻》	求那毗地译《百喻经》卷一	独立完整型
6	《播种炒芝麻》	《种熬胡麻子喻》	求那毗地译《百喻经》卷二	独立完整型
7	《割鼻换鼻》	《为妇贸鼻喻》	求那毗地译《百喻经》卷二	独立完整型
8	《吃果砍树》	《斫树取果喻》	求那毗地译《百喻经》卷二	独立完整型
9	《漂洋杀引水》	《杀商主祀天喻》	求那毗地译《百喻经》卷一	独立完整型
10	《坐轿种麦》	《比种田喻》	求那毗地译《百喻经》卷四	独立完整型
11	《积奶宴客》	《愚人集牛乳喻》	求那毗地译《百喻经》卷一	独立完整型
12	《缸中人影》	无	失译人《杂譬喻经》卷下	原始例证型
		“妬影”	道世《法苑珠林》卷五十三	独立完整型

① 此故事共有三个模式，一是王子（小乞丐）为了赎罪，寻找老尸精（见王尧译《说不完的故事》，青海民族出版社1980年版，李朝群译《尸语故事》，西藏人民出版社1983年版）；二是王子为了成为一个贤明的君主，寻找西谛哥尔（见《王子与魔法师》，远生译《西藏民间故事》，世界书局1931年版，第67至93页），三即是本文论及的《金玉凤凰》本，故事的发起系作者在远生译本的基础上改编而成。

② 《金玉凤凰》中故事大标题41个，其中《“聪明人”的“聪明事”》系列下收有11个小故事，《扎尔干判案》系列下收有8个故事，故总数为58个。

续表

序号	民间故事篇名	佛典譬喻寓题	佛典譬喻来源	譬喻类型
13	《丑妇破罐》	《丑妇临水见他影谓其端正》	宝唱《经律异相》卷四十五	独立完整型
		无	鸠摩罗什译《大庄严论经》卷十五	原始例证型
14	《马屎治伤》	《治鞭疮喻》	求那毗地译《百喻经》卷二	独立完整型
15	《追网获鸟》	无	失译人《杂譬喻经》卷一	原始例证型
		无	鸠摩罗什译《众经撰杂譬喻》卷二	原始例证型
		《齐心协力本生》	郭良鋆等译《佛本生故事选》	独立完整型
16	《战马推磨》	无	鸠摩罗什译《众经撰杂譬喻》卷一	原始例证型
		无	鸠摩罗什译《大庄严论经》卷十五	原始例证型
17	《头尾争大》	《蛇头尾共争在前喻》	求那毗地译《百喻经》卷三	独立完整型
		无	失译人《杂譬喻经》卷一	原始例证型
		《一蛇首尾两诤从尾则亡》	宝唱《经律异相》卷四十八	独立完整型
		无	道世《法苑珠林》卷七十八	原始例证型
		无	道世《诸经要集》卷十五	原始例证型

三、藏族民间故事与佛典譬喻之文体学分析

从佛典譬喻故事到民间故事，中间历经了诸如唱导、讲经等宣教弘传，受众群体的认同、接纳及加工创作，民间故事以口头方式流传等若干个中间环节。在此过程中，佛理宣唱已非其重心所在，佛典譬喻亦随之发生了新的演变。为更为清楚地揭示西藏民族故事与佛典譬喻在流传过程中发生之变异，现借用汉译佛典文体学的相关理论，从构成要素与文体功能诸方面，略作分析。

（一）构成要素的变化

众所周知，一则完整的佛典譬喻，由寓题、寓体与寓意三部分组成。与民间故事比，譬喻故事的这三个构成要素往往会发生变化。最为常见的大概有两种：一是构成要素的缺失，二是构成要素的变异。构成要素的缺失，主要表现在佛典譬喻流传过程中，原来着重于佛理宣讲的佛教寓意，在演变成民间故事的过程中，大部分被遗弃掉，而其曲折优美的故事则被保留了下来。如《金玉凤凰》之《“聪明人”的“聪明事”》中所收十例，即源于佛典譬喻的西藏民间故事中，其原有阐释佛理之深奥的佛教寓意，全部没有保留下来，而其故事框架则被保留了下来，即为这一趋势的最好说明。当然，民间故事与佛经故事相比，演变最为突出且富有日新的是寓题、寓体与寓意的变异。

其一寓题的变异。从佛典譬喻故事到民间故事的流播过程中，大概有以下几种情况：沿用旧有寓题而变化不大者，如民间故事之《播种炒芝麻》与佛典之《种熬胡麻子喻》、民间故事之《吃果吹树》与佛典之《斫树取果喻》；而更多的则是民间故事改动了旧有寓题，直接凸显故事之主要情节或主导要素者，如民间故事之《催长的灵药》与原佛典之《医与王女药令卒长大喻》。二者相比，民间故事之“催长”直接道出故事中国王的急切用心，“灵药”之“药”字，而为推动故事发展之主要元素“灵”字，则融御医权宜之机巧与国王愚笨之行为，二而为一，突出故事的反讽效果。又如原佛典故事之《比种田喻》，寓题平平，而民间故事之《坐轿种麦》，“坐轿”与“种麦”，两个看似不相干而又令人生疑（坐轿如何种麦?）的动作结合在一起，既有引人入胜之功，又突出头人自以为聪明的愚笨行为。

其二，寓体之变化。作为佛经譬喻中的故事主体，寓体在故事民间化流传过程中往往会发生变化。简言之，一为事物名称的改易，二为情节内容的变异。事物名称的变化最为明显，亦最具民族地域特色。较之佛典譬喻故事，藏族民间故事中常将带有古天竺异域色彩之物事改换为藏族人民喜闻乐见之物。诸如易“黑石蜜”为“奶茶”（《打锅熄火》）；易“饼”为“粑粑”（《半个粑粑可以充饥》）；易“胡麻”为“成都炒米糖”；易主人公为“宗本老爷”（《割鼻换鼻》）；易“野人”为“头人”、“田间”为“汉坝”、“麦主”为“汉人”、“床”为“轿”（《坐轿种麦》）；易“葡萄酒”为“水”、“梵志”为“老人”、“比丘尼”为“老婆子”、“道人”为“老奴”（《缸中人影》）；易“瓶”为“罐”（《丑妇破罐》）等等。情节内容的变异，主要有三种情况，即内容的删减、增添与改写。

1. 内容删减。对照《金玉凤凰》与其故事源出之佛典，最大变化之处即为：《金玉凤凰》删减了佛经故事中某些不适宜在民间流传的内容。众所周知，佛典中为使众生超越个体生命和现世世间，经常会有一些过激的描写，诸如九想观对于人尸的胀想、坏想、血涂漫想、脓烂想等等九种不净观想的描绘，民间故事将其删减。如《丑妇破罐》中之“丑妇”，在佛典之《经律异相》中描绘丑妇长相为“大头、秃发，眼、目正青，口、鼻了戾，略不类人”，如此之丑陋之形，实难再进行描绘，故民间故事中删去不提，直以“丑”字代之。

2. 内容增添。在原有佛典譬喻故事的基础上，民间故事增加了一些曲折离奇而又妙趣横生的故事情节，体现出藏族人民丰富的创造能力。如佛典故事之《治鞭疮喻》，求那毗地译本中较为简略，寓体部分云："昔有一人为王所鞭，既被鞭已，以马屎拊之，欲令速差。有愚人见之，心生欢喜，便作是言：'我决得是治疮方法。'即便归家语其儿言：'汝鞭我背，我得好法今欲试之。'儿为鞭背，以马屎拊之以为善巧。"① 道略集《杂譬喻经》卷一虽记同一譬喻，已增颇具特色之人物对话，"昔有田舍人暂至都下，见被鞭，持热马屎涂背，问言：'何故若是？'其人答：'令疮易愈而不作瘢。'田舍人密著心中，后归家语其家人言：'我至都下大得智慧。'后家人问言：'得何等智慧？'便呼奴言：'持鞭来痛与我二百鞭。'奴畏大家不敢违命，即痛与二百鞭，流血被背。语奴言：'取热马屎来为我涂之，可令易愈而不作瘢。'语家人言：'汝知之不？此是智慧。'"② "大得智慧"诸语道出愚人得意之形，反衬其愚。两则佛典譬喻故事中，愚人（或田舍人）学得以马屎治鞭疮之法，均系无意为之。回到家中试验时，参与者为其家人及奴仆。藏族民间故事集《金玉凤凰》之《马屎治疮》中，土财主因没有权势，受人轻视，然后外出学习法术。故财主之外出求法，系刻意为之。因此学得回家后，"大宴宾客，打算显示法术，好叫别人看重自己。"结果是"鞭伤却在溃烂，他又痛又羞地在家治了半年才好。从此，别人更瞧不起他。"③ 此中增加了主动求法与大宴宾客两个情节，借土财主有意而为之行为，更突显其愚蠢。另一佛典譬喻故事《煮黑石蜜浆喻》，其寓体云："昔有愚人煮黑石蜜，有一富人来至其家。时

---

① （齐）求那毗地译．百喻经［M］//大正新修大藏经［Z］．台北：新文丰出版社股份有限公司，1983：547A.

② 道略集．杂譬喻经［M］//大正新修大藏经［Z］．台北：新文丰出版社股份有限公司，1983：527C.

③ 田海燕．金玉凤凰［M］．上海：少年儿童出版社，1980：197.

此愚人便作是念：‘我今当取黑石蜜浆与此富人。’即着少水，用置火中。即于火上，以扇扇之，望得使冷。傍人语言：‘下不止火，扇之不已，云何得冷？’尔时人众悉皆嗤笑。”① 愚人欲使黑石蜜尽快变凉，却将其置于火上又以扇扇之，已显其愚。而《金玉凤凰》之《打锅熄火》中，故事讲至此似不过瘾，接别人“不止火”之讯后，愚人心生一计，“抱起一块大石头，猛向锅中一掷，把锅打破”，用此办法来熄灭柴火。此一情节之添加，更显此愚人的愚蠢至极，读后让人忍俊不禁，其反讽效果也更为突出。

3. 内容改写。即在原有佛典譬喻故事的基础上，民间艺人将故事部分内容进行了改写，使故事更加曲折离奇，体现出藏族人民丰富的创造能力。与佛经故事相比，改动最大，足堪令人称奇的是《刻舟求剑》一则。求那毗地翻译的《百喻经》卷一之《乘船失釪喻》云：

昔有人乘船渡海，失一银釪，堕于水中，即便思念：“我今画水作记，舍之而去，后当取之。”行经二月，到师子诸国，见一河水，便入其中觅本失釪。诸人问言：“欲何所作？”答言：“我先失釪，今欲觅取。”问言：“于何处失？”答言：“初入海失。”又复问言：“失经几时？”言：“失来二月。”问言：“失来二月，云何此觅？”答言：“我失釪时，画水作记。本所画水，与此无异，是故觅之。”又复问言：“水虽不别，汝昔失时乃在于彼，今在此觅，何由可得？”尔时众人，无不大笑。亦如外道，不修正行，相似善中，横计苦困，以求解脱。犹如愚

① （齐）求那毗地译．百喻经［M］//大正新修大藏经［Z］．台北：新文丰出版社股份有限公司，1983：544C.

人，失釪于彼，而于此觅。①

佛典故事中之愚人，运用相似联想，认为墮釪之地点与船上之记号不会因行船之时地变化而发生变化，故两月后虽复从以前刻记处求之而不可得。佛教故事通过此故事，善意讽刺了外道之修行方式，认为他们与佛教比，虽表面相似而实质不同，若依之而求解脱，只能横计苦困而无所得。

而依据同一故事母体，藏族民间故事之《刻舟求剑》，在继承此故事母体的基础上，对寓体部分进行了较大的改写。故事记一狡猾的商人雇骡马和船舶运货，每次出价很高，但凭着自己的骗人的口才和赌博的伎俩，到目的地算帐时，从来不用交费。一次，他找到一个船夫，鼓动船夫养鸡，自己用麦麸喂鸡，最后算账，船夫不但没得到船钱，连鸡都抵了商人的鸡料钱。船夫二话没说走了，回去就让铁匠打了两把一样的短剑。等商人故技重施，让船夫养鸭时，船夫同意了。后来，船夫在船上磨起自己的剑，声称是祖传魔剑，并“失手”掉入水中。船夫在船上刻了个记号，声称自己的魔剑会跟着船走。到目的地后，商人道出若不丢失魔剑的话，会付给他船钱，且免鸭料钱。船夫一听，怒冲冲地指着商人鼻子，说下水取剑。在众人的嘲笑声中，船夫取出了“魔剑”（其实是铁匠打的另一把剑）。商人迫于“魔剑”之“魔力”，归还了自己及其他船夫的船钱。

此故事仅借鉴佛典譬喻之相同故事，与原典之《乘船失釪喻》相比，民间故事对其进行了诸多改造：一是增加了狡猾商人这一角色，

---

① （齐）求那毗地译．百喻经［M］//大正新修大藏经［Z］．台北：新文丰出版社股份有限公司，1983：545C.

"诸人"变成了爱赌的船夫。二是增加了若干故事情节，如狡猾商人花言巧语骗船夫养鸡、鸭，然后提供饲料，借以抵销船费；船夫第一次上当，后找铁匠打造"魔剑"；巧借"魔剑"之力，迫使商人清算船钱。正是因为这些情节的增添，使整个故事显得波澜起伏、曲折多变。

其三，寓意的变化。佛教譬喻故事之目的，在于方便说法，因此常寓佛理于故事中，譬喻故事中也多于故事结尾处彰显佛教说理的尾巴。而在民间故事中，故事性多于佛理宗教性，即使其中保留了一些佛理，也会发生若干变异。如《金玉凤凰》之《追网获鸟》一则，故事出于佛典之《杂譬喻经》。《杂譬喻经》卷一道出譬喻之寓意云："捕鸟师者，如波旬也；张罗网者，如结使也；负网而飞，如人未离结使，欲求出要也；日暮而止，如人懈怠心生，不复进也；求栖不同者，如起六十二见，恒相反也；鸟堕地者，如人受邪报落地狱也。此明结使尘垢是魔罗网也。"① 佛经故事中以鸟负网而飞比喻人身为烦恼所缚，未能出离，加之心生懈怠，不思精进，受种种邪见的影响，最终会受邪报，落入地狱。显然，佛经故事寓意在于说教。且佛典中捕鸟师所喻之波旬，意译为"杀者""恶者""恶魔"，为六欲天之魔王，是佛教中之一大反面角色。而在藏族民间故事《追鸟捕网》中，故事之寓意为"知识使猎人得到一网打尽的胜利"。② 不但佛典譬喻中之说教色彩消失殆尽，而且将故事的焦点由众鸟为何被捕杀转为猎人如何能捕到众鸟，由教导人们解脱之道到强调了世俗生活知识的重要性，故事强调的重点随之也发

① 道略集．杂譬喻经［M］//大正新修大藏经［Z］．台北：新文丰出版社股份有限公司，198：528A－528B.

② 田海燕．金玉凤凰［M］．上海：少年儿童出版社，1980：198.

生了根本的转变。

（二）文体功能的变化

汉译佛典中譬喻的类型，从修辞学角度分，可分为原始例证型（只有寓体和寓意）、独立完整型（具有寓题、寓体和寓意）、变化复合型（譬喻文体与其他文体的融合，如譬喻本生）三类。就文本功能而言，除说理外，尚有委婉与劝慰、警示与告诫、批判、赞颂、反讽等。

佛典譬喻的文体功能，李小荣先生在《汉译佛典文体及其影响研究》一书中认为，其“总体（或者说主要）功能在于说理”①，同时也带有委婉与劝慰、警示与告诫、批判、赞颂、反讽等五种附加功能。而通过对民间故事与佛典譬喻的考察，可以说其主要功能与附加功能均发生了较大变异。

《金玉凤凰》中的《“聪明人”的“聪明事”》一组共收录了11个藏族民间故事，标题下的解题，道出了这组故事的反讽功能，“‘富贵人必定聪明.’这是有钱有势人家深信不疑的一句老话；因此，他们总是夸数自己是‘聪明人’。”② 这十一个故事中，有十个来源于佛典譬喻。佛典譬喻以佛理宣说为主，故每一譬喻背后，都暗寓着佛教义理，如《欲食半饼喻》中“三界无安，皆是大苦。凡夫倒惑，横生乐想”③，《煮黑石蜜浆喻》中“外道不灭烦恼炽然之火，少作苦行，卧蕀刺上，五热炙身。而望清凉之道，终无是处”④ 等等。除此之外，兼

① 李小荣．汉译佛典文体及其影响研究［M］．上海：上海古籍出版社，2010：336.

② 田海燕．金玉凤凰［M］．上海：少年儿童出版社，1980：130.

③ （齐）求那毗地译．百喻经［M］//大正新修大藏经［Z］．台北：新文丰出版社股份有限公司，1983：550A.

④ （齐）求那毗地译．百喻经［M］//大正新修大藏经［Z］．台北：新文丰出版社股份有限公司，1983：544C.

带附加文体功能以警示与告诫为主。如《三重楼喻》警示四辈弟子要精勤敬信三宝，《吃果砍树》警示弟子不要犯戒，《杀商主祀天喻》中告诫人们不要毁坏善行，否则“生死旷路永无出期，经历三涂受苦长远”①。《愚人集牛乳喻》中则对世人“待我大有之时，然后顿施”的布施观点提出了批判。在《“聪明人”的“聪明事”》所收的来源于佛典譬喻的十则藏族民间故事中，不但佛理宣说之主要文体功能销声匿迹，就连警示与告诫、批判等附加文体功能，也无影无踪，取而代之的全部是反讽之文体功能。佛典之《乘船失釪喻》故事借刻记寻釪之事，讽刺寻釪人之愚蠢，借以说明外道不修正行而得解脱，也如寻釪人之蠢，非但不得解脱，反而徒增苦恼。藏族民间故事则巧借刻舟求剑这一本不可能实现的事情的“实现”，改讽刺为赞扬，颂扬了船夫的聪明才智，故事结尾有大快人心之感。

通过对藏族民间故事集《金玉凤凰》的故事渊源的解读，我们可以发现，除学界关注较多的本生故事外，西藏民间故事实深受佛典譬喻之影响。与佛典譬喻相比，西藏民间故事无论从佛典譬喻文体的构成要素还是从文体功能，都发生了诸多变化。佛典譬喻经藏族人民的加工、创作并逐渐演变成为喜闻乐见的民间故事，这充分显现出藏族人民的聪明才智。民间故事集《金玉凤凰》带有浓厚的雪域风情，为青藏高原上之璀璨明珠、藏族文化之重要组织部分，当引起我们的足够重视。

① （齐）求那毗地译．百喻经［M］//大正新修大藏经［Z］．台北：新文丰出版社股份有限公司，1983：545A.

吐蕃伦理文化与儒家文化的比较

——以敦煌藏卷《吐蕃礼仪问答写卷》为中心

敦煌出土了大量的古代文献，其中以佛教文献为主，其中也有不少道教及其他文献，其中有汉语书写的汉文文献，也有其他民族语言文献。古藏文《礼仪问答写卷》就是其中比较独特的一个，它是吐蕃伦理文化的文献标志，体现的不仅是吐蕃社会统治阶层推行的道德伦理观，更多地表现了吐蕃文化对中原儒家文化兼收并蓄的特点，同时又带上了藏族鲜明的特征。

一、《礼仪问答写卷》文献简况

《礼仪问答写卷》是由目前已经发现并著录的五千多卷敦煌古代藏文文书中的 Pt. 1283 和 Pt. 2111 相互补充对译而成，原卷分印为 33 页，共计 532 行。它之所以作为吐蕃伦理文化高度发展的标志性文献，可以从它产生的地理和历史背景加以分析。

敦煌古称沙州，敦煌地处河西走廊的西端，史载其地“雪山为城，青海为池，鸣沙为环，党河为带，前阳关而后玉门，控伊西而制漠北，全陕之咽喉，极边之锁钥。”① 敦煌卷子中也有关于其地的记载：“右沙州者，古瓜州地，其地平川，多沙卤，人以耕稼为业，草木略与东华夏同。”② 唐中后期，吐蕃占领敦煌等河西走廊一带。而敦煌一隅，历来就为多民族共处之域。在吐蕃贵族的统治下，敦煌的汉人在吐蕃统治文化影响下，生活方式也发生了转化，《礼仪问答写卷》正是在这样的背景下产生的。

敦煌历来为多民族共处区域，当时吐蕃政治初起，敦煌虽远离中原，但汉文化代表的儒家文化在吐蕃也有较大的影响力，因此在吐蕃统治时期，其地的文化反而更加丰富多彩。在今天可以看到的敦煌藏经洞出土的古藏文文献中，就有译自儒学典籍和含有浓厚儒学精神的著作，如：《尚书》残本、《战国策》残本、《孔子项托相问书》以及古藏文的音译本《千字文》《寒食诗》。③ 与此同时，在敦煌莫高窟中，也有吐蕃统治沙州时期的《报父母恩重经变》壁画 19 幅，这些壁画按内容分为孝养、恶友等。从敦煌报恩经变画出现的时间和吐蕃时期的报恩经变画集中表现以孝卫国、以孝复国的孝养品、论议品和恶友品这两方面分析，除了崇佛和倡导孝道外，从中我们还可以看到敦煌时期儒家孝道文化的流行。当然，孝养文化只是儒家文化的一个重要组成部分，每个民族都有自己对于长辈的尊重和孝养，儒家经典在此时的流行，亦可以看出吐蕃统治者接受了儒学的忠孝观，并设法利用儒家伦理融入当地风俗后，形成新的伦理规范并作为巩固统治、安定社会的统治手段。

---

① 敦煌研究院编．敦煌研究文集［M］．兰州：甘肃人民出版社，1982.

② ［日］山口瑞凤著，高然译．国外藏学研究译文集［M］．拉萨：西藏人民出版社，1985：37.

③ 李永宁．报恩经和莫高窟壁画中的报恩经变相［J］．敦煌研究，2000（3）.

二、《礼仪问答写卷》是吐蕃伦理文化发展成熟的标志

自西汉王朝强盛时期，他们击退匈奴，取得河西走廊的主导权，在当地设郡屯田，移民实边，河西走廊日渐成为汉王朝的一个重要战略基地。而张骞凿通西域，所开辟的丝绸之路，连接亚欧大陆，使这条路上的诸多民族相互来往，敦煌逐渐成为这一交通线上的国际性商业城市，西亚、中亚一带的胡商客贩世代遂居住在这里。敦煌居住的各民族也逐渐成为中华民族的重要组成部分，为河西经济、文化的发展起了积极作用。特别是隋唐时期，中西陆路交通极其频繁。政治稳定、经济繁荣为内地儒家文化在河西一地的中兴创造了条件，很早就出现了自成一体的河西之学。河西儒学产生于“学在家族”“政在家门”的门阀制度兴起时代。以儒学振兴门户，使河西儒学在经史、地理、人文、历法、文学艺术等方面取得显著成就，河西儒学繁荣一时，“他们上续汉魏、西晋之学风，下开（北）魏、（北）齐、隋唐之制度”。① 儒家文化在河西地区取得主导地位，使河西文化与中原文化合为一体，从而成为中华文化之一部分。

其实，早在秦汉以前，内地的文化就已西渐，随着人员的往来文化也就传播到了西边的敦煌。到了张骞开通西域后，内地文化更是随着王朝疆域的有力拓展向广阔的西部扩散，儒家伦理道德观对中国西部产生了广泛的影响，尤其是处于重要地理位置的敦煌，所受影响尤大。从唐宋时期敦煌人的生活方式中，我们可以发现，传统的伦理道德文化是以

---

① 〔法〕戴密微著，耿升译．吐蕃僧诤记［M］．兰州：甘肃人民出版社，1984：347.

儒家之“仁、义、礼、智、信”为核心，从自我出发，“老吾老以及人之老，幼吾幼以及人之幼”，从自我而推广到整个社会的孝养观念。从一个个小我，到一个个社会的大我，从一个个家庭，到整个社会。儒家的从自我出发推广出的文化，弥合了个体间的空隙，从而成为整个社会的弥合剂，有力地推动整个社会的发展。

这种思想是建立在农耕文化需要相互协作的基础之上的，与游牧部落间松散的社会构成不太一样，因此两种社会文化之伦理观念有很大的不同。但正如都是人一样，都有构成人的基本伦理关系。如在小的家庭组织内部，都讲求对老人和长者的尊敬；在对待国家和组织的态度上，都讲求“忠君”“爱国”等。但在具体细节方面，却不同程度地带有不同地域与民族的特点而具有其差异性。这可以在一位吐蕃将军的忏悔中得到证明。这位吐蕃将军是当时的瓜州节度使，他曾正式为他的战争行动表示忏悔，要求敦煌的汉僧们为他赎罪。节度使本人高居显位，并以勇猛善战著称，但他一想到自己的战争罪孽就会心惊肉跳，这种忏悔是在敦煌汉僧的协助下完成的，可见代表敦煌文化的佛教文化对吐蕃社会伦理的深刻影响。①

吐蕃统治敦煌期间，民族大融合，不同民族间文化交流更为充分。不仅吐蕃藏族学习汉文化，当地汉人也有了学习吐蕃文化的机会。现存敦煌藏卷中就有各种汉、藏对照字书，就是当时互相学习对方语言、文字用的。其中有一篇题为《赞普子一首》（S. 2607）的作品：本是蕃家将，年年在草头。夏日披毡帐，冬天挂皮裘。即令人难会，朝朝牧马在

① 顾祖成，陈崇凯著．西藏地方与中央政府关系简明教程［M］．拉萨：西藏人民出版社，2001：44.

荒丘，若不为抛沙塞，无因拜玉楼。”从文辞内容就可以看出这篇是一位当时吐蕃将士的作品，正是敦煌的文化交流，促进了两个民族文化的交流和学习。

吐蕃与中原地区的经济文化交流时间久远，文成公主进藏后，松赞干布着眼于吐蕃发展，派子弟到唐朝国子监学习儒家文化。“于是四方学者云集京师，乃至高丽、百济、新罗、高昌、吐蕃诸酋长亦遣子弟请入国学，升讲筵者至八千余人”①，吐蕃遣子弟入唐接受儒家思想的教育和熏陶。另一方面，儒家经典大量传入吐蕃。中宗时金城公主远嫁吐蕃时携带了不少儒家经典到吐蕃，《旧唐书·吐蕃传》记载，“时吐蕃使奏云：‘公主请《毛诗》、《礼记》、《左传》、《文选》各部’。制令秘书省写与之。”同时唐朝也挑选精通儒学的人到吐蕃去，除进行诸如告哀之类的任务外，还兼具阐扬儒家经典的使命，开展儒家文化的交流活动。随着丝绸之路演变为茶马之路、朝佛之路，汉藏文化的双向交流与相互融合成为很自然的事。② 即使是吐蕃王朝解体之后，也由于一些吐蕃部落散处于河陇、河煌及川西高原地区，使得儒家文化和藏传佛教文化在这些地区进一步交流和融合。③

三、《礼仪问答写卷》在吐蕃伦理文化体系中的地位

从以上分析可以看出，敦煌地区始终是汉藏文化交流的重要区域。自公元786年吐蕃占领敦煌，一直到848年之前，敦煌始终处于吐蕃赞

---

① （宋）司马光.《资治通鉴》卷一九五，贞观十四年条。北京：中华书局，1956：6153.

② 熊坤新.民族伦理学［M］.北京：中央民族大学出版社，1997：271.

③ 赵晓星.敦煌落蕃旧事［M］.北京：民族出版社，2004：100－121.

普的管辖之下。从现存敦煌藏卷《礼仪问答写卷》抄本的书写及语言风格情况来看，该写本成书于吐蕃占领河煌地区的八、九世纪之间，其作者有可能就是居住于敦煌地区的下层吐蕃官吏，他具有一定的汉文文化知识，试图通过问答形式将吐蕃社会流行的礼仪文化传递给当时敦煌地区广大百姓，以起到移风易俗的社会教育功能。因此，分析《礼仪问答写卷》也可以看出其所代表的吐蕃文化内涵。

《礼仪问答写卷》写卷作为吐蕃伦理文化的代表，通过浅显的事例，通过问答形式，将当时社会流行的伦理规范介绍给普通人，从而像儒家理论文化一样，也试图构建一种劝善戒恶的行为规范体系。如该卷的第十六问中明确提出了社会上的十大道德规范与九大非道德规范："做人之道为公正、孝敬、和蔼、温顺、怜悯、不怒、报恩、知耻、谨慎而勤奋。虽不聪慧机智，如有这些，一切人皆能中意，亲属亦安泰。非做人之道是偏袒、暴戾、轻浮、无耻、忘恩、无同情心、易怒、骄傲、懒惰。身上若有这些毛病，一切人皆不会中意。"① 从正反两方面告诫人们应该怎样，不应该怎样、其内容涵盖了做人的一般准则，代表了吐蕃底层普通人所应该遵循的伦理思想和原则，具有较强的实践性。以《礼仪问答写卷》为标志的吐蕃普通人的伦理思想，给我们提供了许多明晰清爽的伦理学财富。其中无明显佛教影响，也似乎少为吐蕃古老宗教苯教所左右。吐蕃民间伦理思想来源于平民百姓的日常生活，又渗入到人人可以实践、应当实践的行为之中。

《礼仪问答写卷》着重从平常的生活实践中建立人与人之间所应该

---

① 本文所引用的《礼仪问答写卷》的原文内容，来自王尧、陈践合译《敦煌吐蕃文书论文集》之《敦煌古藏文<礼仪问答写卷>译解》一文。

遵循的普通的伦理原则，是吐蕃伦理思想在广大民众接受的具体体现。《礼仪问答写卷》没有过分强调高玄的理论，而是从待人接物的生活琐事入手，培育民众的伦理品格。

《礼仪问答写卷》着重阐述的是普通人立身处世所应遵循的基本道德，提出了七个普通人必须做些什么，应该尽些什么义务，才能成为有德行的人。同时，人与人之间的关系是任何一个人必须面对和处理的，因此，在《礼仪问答写卷》中，对各种人与人之间的关系通过问答进行了介绍，小到如何处理人与人的关系，如同辈间；大到上下级间的各种关系，都在问答中进行了精心安排。因此《礼仪问答写卷》从待人接物的生活琐事来阐述，正是触及到了伦理的本源问题。

人生在世，首要的是处己，其次方可做其它。《礼仪问答写卷》里面非常重视道德修养，认为修身的根本是守道和明德。一个有道德的人，必须具备两个方面的条件：一是守道或适道，二是修德或明德。这里强调的是：一方面必须学习和遵守社会规范和准则；另一方面，必须具有相应的遵守这些社会规范和准则的道德意识和情操，二者缺一不可。从《礼仪问答写卷》中，我们不仅能看到吐蕃时期当地民众所具有的人性观、人生观和人伦观，而且也能找到当时社会推崇的忠孝观、仁爱观、诚信观和义利观。所以可以《礼仪问答写卷》是吐蕃时期当地伦理文化的缩影和表征。

吐蕃时期敦煌伦理文化提出的道德就其结构来看，包括主观的个人道德和客观的社会道德两个方面，以及道德意识、道德关系和道德活动三个层次。个人道德指人类个体以心理活动形式表现出来的道德观念、情感、行为和品质；社会道德指社会上人与人之间的关系以及反映这种关系的行为准则与规范。《礼仪问答写卷》中不仅提出了个人道德标准，而且论述了处理好人与人之间关系的长者告诫，具有朴素而真诚的文化意义。

四、《礼仪问答写卷》中的儒家伦理思想和吐蕃伦理文化

以儒家思想为代表的中国传统文化，在漫长的历史过程中，在凝聚人心、支配国人的道德生活等方面产生过重要作用。随着儒家文化的蔓延，它在敦煌地区也具有很深的影响力。它对吐蕃伦理文化的影响可以通过对《礼仪问答写卷》的解读来详加对比和分析。

儒家伦理是以儒家思想为基础的，其中“仁”和“礼”为儒家伦理的核心内容，也是最高的伦理准则和伦理境界。“仁”的基本内核有二重含义：一是爱人（仁者爱人），二是忠恕（夫子之道，忠恕而已）。在伦理学方面，仁是处理人与人关系和做人的根本原则，礼是人行为的根本原则和道路；仁是内在的德性，礼是外在的规范。因此，在《礼仪问答写卷》中，经常让我们感觉到内在德性的光辉，它督促人成为一个高尚的人，这其实就是儒家思想的最深刻的影响力。

其一，从人性观角度来看。如上所述，在《礼仪问答写卷》提出了当时社会上流行的十大道德规范与九大非道德规范：“做人之道为公正、孝敬、和蔼、温顺、怜悯、不怒、报恩、知耻、谨慎而勤奋。虽不聪慧机智，如有这些，一切人皆能中意，亲属亦安泰。非做人之道是偏袒、暴戾、轻浮、无耻、忘恩、无同情心、易怒、骄傲、懒惰。身上若有这些毛病，一切人皆不会中意。”它涵盖了吐蕃当地文化中最基本也是最重要的社会伦理思想，这些思想或者伦理原则，无疑不仅是儒家汉

文化所提倡和告诫的，也是当时吐蕃社会所倡导的社会伦理原则。

其二，从人伦原则来看。儒家倡导五伦，即父子、兄弟、夫妇、友朋、君臣五层关系。五伦是儒家要求的人所应该渐次遵循的社会关系，《中庸》云："君臣也，父子也，夫妇也，兄弟也，朋友之交也，五者天下之大道也。"人与人之间是有一定的义务和要求的。而吐蕃社会有别于唐代社会，《礼仪问答写卷》则立足于吐蕃社会，立足于其"长幼之序、官仆之分、主奴之别"，则让我们看到任何一种伦理原则无不是其社会生活的反映，而吐蕃的奴隶社会现状也自然使得它的伦理原则服务于其社会现状。

其三，不同的忠孝观。忠孝是儒家伦理中的最高体现，提倡臣下对君主和儿女对长者的无限尊崇。儒家发挥了伦理起源于家庭，即起源于孝亲的思想，而实现于对帝王的忠。认为一个有抱负的士人都应该是一个对内孝于亲、对外忠于君的典范。在《礼仪问答写卷》中，将孝亲和尊重师长并重，认为"儿辈能使父母、师长不感遗憾抱恨，即为最上之孝敬。""父母养育了儿子，儿子敬爱父母应如珍爱自己的眼睛一样。父母年老定要保护、报恩"，并且认为"不孝敬父母、上师，即如同畜生，徒有人名而已。"通过这两句的联系，我们也可能看到这里的师，就不单单是老师，更应该是佛教的僧侣、上师。而联系西藏佛教发展史的实际，从此我们也可推断，我们现在所看到的版本应该是佛教兴盛，僧侣地位提高的赤松德赞时期。

其四，积极的人生观。虽然我们看到现存版本其实来源较晚，也受到了佛教的影响。但是，佛教影响下的伦理文化依然是积极的。《礼仪问答写卷》中说"务必对一切好事，没有一样不勤奋。"提倡积极面对一切，这和儒家积极的人生观是一致的。儒家认为：人的一生处在五伦之中，要积极承担自己不同的社会责任，从对父母、妻子、儿女、友朋、君臣关系中实现自我的实现，因此儒家的人生理想是积极的。虽然此时的佛教影响于敦煌，但儒家积极的伦理，对此地的影响是巨大的，我们从其语句中可以看到。

其五，博大的仁爱观。儒家提倡“仁者爱人”，所爱的对象不仅仅是自己的家人，而且要推广到他人的亲人，所谓“老吾老以及人之老，幼吾幼以及人之幼”。儒家提倡“仁政”，将仁爱之心推广到政治中。《礼仪问答写卷》中有“与好人一条心”，“凡年轻之人，奴仆之辈，对之无似土石般遗忘。不对之不爱惜、粗暴。对之应设身处地，恰如其分。”吐蕃社会当时处于奴隶社会，《问答》中建议奴隶主应该“居高位而不欺凌、役使下人，行为正直。下人亦能瞻前顾后，为未来永久平安，能不断地做出成绩。”“对任何事应虔敬而有礼节，即可和睦相处。”从中可以看出，《礼仪问答写卷》既有基于当地社会现实出发的伦理观，也有如儒家一样博大的仁爱思想。

其六，高度重视诚信。诚信思想是儒家伦理中非常重视的一种思想，《论语》“为政”篇中就有：“人而无信，不知其可也。”认为人应该高度诚实、表里如一、言行一致。同样，《礼仪问答写卷》中也说一个人应该“从不说谎言，大家即信服，人若信服，众人即信服。”言行一致是一个人的根本做人原则，而面对义利之争时，儒家坚决认为“义”高于“利”，一个人应该具有高度的伦理道德，而不为个人利益所动。《礼仪问答写卷》更是用生动的语言说到：“肚不饥，背不寒，即可足已。有了这些，已是富裕安逸；超过这些，不会安宁富裕。财宝役使自己，财宝即成仇敌。”而且认为“欲望至多，即会贪婪无边。贪得无厌，歪门邪道即由此产生。”因此，对于不义之财及对财富的过分追求，都应该受到谴责。“不义之财见之如鬼不善不乐。诱饵之食，见之欲呕而不觉其香。”

从几个方面，我们可以简单看出，《礼仪问答写卷》作为吐蕃下层伦理文化的代表，反映了敦煌一地当时的伦理文化，它既受到了内地儒家文化的影响，也带有敦煌吐蕃文化的特点。

佛教文化的交流与对话漫谈

很高兴参加陀乐寺佛学研究院落成典礼暨佛教学术交流对话平台推展座谈会，很高兴结识各位大德。承张晓林教授法旨，我必须在会议上说几句，诚惶诚恐，下面就自己对佛教及本次论坛谈几点我的看法，有不妥之处，敬请各位大德批评指正！

佛教是人类思想史上一个伟大的思想，是人类对终极关怀的一种哲学认识，有其丰富的哲学意义和信仰价值及世间价值。而作为诞生于公元前五世纪古印度大地的这样一种异域哲学，最终扎根于中华大地，本身就是人类文化史上不同文化交流的一个典范。而在其几千年的弘传历史中，佛教适应不同时地的社会文化环境，在世界各地蓬勃发展，由于时地的不同，外在弘教形式也就各有差别，在我们国内现在就呈现出汉、藏、南传三个语系的佛教形态。大家都承认，三系佛教虽然语言媒介不同，但其教理基础、哲学内核，却是共通的。特别是在今天这样一个纷繁复杂的世界中，我们更应该发挥佛教哲学内核之共同性，加强交流，增进了解。为净化人心、利济人心，共创世界和谐安乐发挥积极作用，这是我们今天开展三系佛教学术交流、积极对话的根基。

佛教哲学最大的一个概念就是“缘起论”，《杂阿含经》卷十云：“此有故彼有，此生故彼生……此无故彼无，此灭故彼灭。”① 佛教强调任何事物都是在众多条件的规定下，在一定前提下，才能确定其存在的，是众多因缘和合而成的。强调事物在关系中存在，在关系中确定，事物是关系的体现。《杂阿含经》卷十二又云：“譬如三芦，立于空中，辗转相依，而得竖立。若去其一，二亦不立；若去其二，一亦不立。”②因此，相依互存的是缘起，缘起是一切存在的基础，也是我们认识任何事物的一个根本理论基础。今天，我们三系佛教坐在一起，大家共同探讨佛教义理，探索佛教真知，更应该摒弃你我，抛弃我执，以一种开放的心态对待佛教，我想这应该是我们对释迦摩尼这位伟大的先行者的最好的纪念。

加强交流学习，是今天研究佛教的一个重要态度。佛教在不同的历史地理环境下发展，在历史上诞生了众多的佛教流派。不论是佛教史上的原始佛教、部派佛教、大乘佛教，还是今天我们三系佛教，从南到北，都代表了不同时间和地域的人们的思想和智慧。文化因交流而精彩，文化也因交流而深刻。历史上玄奘法师，就是因对当时的佛学有疑惑，才萌发了要去西天求取真经的弘愿，而他也为之付出了艰巨努力，去践行自己的誓愿，其曾九死而未悔的感人精神，赢得了后世的景仰，成为了我们这个民族和国家的脊梁。他不仅在古印度向戒贤法师这样的一流佛教学者学习，也向更多的印度法师学习，转益多师，在他学习将要结束的时候，他已“名被五印度”，他能获得佛教诞生地的古印度广

① 中国佛教文化研究所点校．杂阿含经［M］．北京：宗教文化出版社，1999：216.

② 中国佛教文化研究所点校．杂阿含经［M］．北京：宗教文化出版社，1999：259.

大学者的认可，他的艰苦学习，转益多师，弘扬华梵文化，为了文化发展而置个人安危于不顾的大无畏精神，是最重要的因素。今天，我们不论南传佛教，汉传佛教，还是藏传佛教，在长时间的发展中，都能够结合本地文化，积极发展，积累了丰厚的佛教文化质素。应该像大会倡议的那样，求同存异，相互理解、尊重与借鉴。因此，抛弃人我，坦诚交流，共同推动佛教文化事业的发展，是我们今天各位的责任和不容推卸的义务。

今天各位来到我们大美青海，来到与佛教甚深渊源的陀乐寺，是一场幸会和盛会。我来自陕西，来自西藏民族大学，我想谈谈公元七世纪那场不远万里的盛大婚礼。熟知唐代历史的都知道，唐太宗贞观十四年（640 年），松赞干布派遣大臣禄东赞入唐求取公主，贞观十五年（641 年），唐太宗派遣江夏王李道宗护送文成公主入藏。而文成公主入藏就经过青海。松赞干布率领迎亲队伍从拉萨出发，前往柏海（今青海鄂陵湖和扎陵湖一代）等待，在河源（今青海兴海县一代）迎接上了送亲队伍。而文成公主入藏，促进了唐蕃文化交流，文成公主不仅带去了内地先进的农业和手工艺等文明，也将佛教文化首次带进西藏，开启了佛教在西藏高原的传播，将来自古印度的佛教文化，带到了西藏，开启了高原人的佛教机缘。后来西藏佛教的发展，要说根源，肯定要从文成公主这位陕西女子说起，而文成公主的入藏之旅，也离不开我们青海，她是从这里走进西藏的。后来在西藏佛教发展史上一个非常引人注意的事件，就是公元八世纪的那次著名的佛教辩论会，也就是《吐蕃僧诤记》所记载的那次盛会。汉地去参加辩论的就是我们古代沙州，也就是今天甘肃敦煌的摩诃衍大师，公元 792 年至公元 794 年，以摩诃衍大师代表的“顿门派”和以寂护法师弟子为代表的“渐门派”在拉萨进行了“顿渐之诤”。从佛教发展的历史上看，这无疑是一次佛教文化的交流。摩诃衍是汉藏佛教交流的一个重要人物，历史上，藏传佛教学者对摩诃衍的观点和修持方法褒贬不一，当代学者对摩诃衍入藏及参加这次顿渐之诤也还有不同的意见，但摩诃衍法师在佛教文化交流史上无疑具有崇高的地位。特别是敦煌文书中的 P. 4646 和 P. 2672《顿悟大乘正理决》P. t. 996《虚空藏善知识的历史》文献的发现，对于我们正确认识摩诃衍在西藏佛教史上的地位具有重要的作用。

不同的文化需要交流，历史上的伟人给我们做出了表率，他们对佛教文化的发展所做的示范性的作用需要我们今天去继承。因此，今天我们大家都已经深深意识到不同语系的佛教交流的必要性。今年 9 月在华东师范大学就已召开了“汉藏南传佛教对话交流高峰会”，会议获得了丰硕的研讨成果。这次会议得到诸位的积极参与，也必将取得丰硕成果。

非常感谢张小林教授的积极努力，为大家搭建这样一个交流学习的平台，在佛教学术交流对话平台的具体推展上，我仅提出个人在研究中的一些不成熟的思考：

一、佛教文献方面的交流与整理

不论是南传佛教、汉传佛教还是藏传佛教，虽都是佛教这颗大树下的一个分枝，但三系佛教的文献由于历史及地理环境的不同，存在着种种的差异。具体有：现存三系佛教典籍中，有着你有我无的情况，佛教的不同经典，在有些佛教中有，而在有些语系佛教则没有，很有必要进行互通有无，充实自我；这个我称之为文献典籍交流。还有一种，虽然是同一名称的经典，但在不同语系的佛教中，却表述及翻译得必不相同，需要三系语系的大德学者能够认真探讨其差异之渊源，于三系中求知真理。

因此，有必要组建不同的研究小组，对现存三系大典进行梳理，求同存异，并从异中求取真知。

二、义理上的交流、学习

三系佛教是中华佛教在不同地域的发展分枝，虽然佛教义理从大的方面有其共通之处，但具体经文的解读方面仍存在诸多需要互相学习的地方，因此有必要在三系佛教中选取一些大家认为共通的经典，进行三方解读，然后进行集解式的注释，使不同语系的学者能够学习了解其他语系的义学，促进佛教的发展。

佛教的发展史本身就是不同文化、不同地域的人交流的历史，因此，希望能够在不同层面，认真研讨，互相学习，共同促进佛教事业的发展，应该是在座各位的共同愿望。

以上不妥之处，敬请各位批评指正！

《礼仪问答写卷》中的吐蕃传统思想浅析

公元7世纪，松赞干布统一吐蕃全境，建立起藏族历史上第一个奴隶制王朝。随着社会结构的变化，新的社会形态出现，人们旧有的思想观念也发生了变化，也慢慢形成了藏民族自己的伦理思想。直到二十世纪初敦煌宝藏的出现，其中Pt. 1283号敦煌卷子的面世，为研究吐蕃王朝兴盛时期的藏族传统伦理思想提供了有力的文献支持。

Pt. 1283号全卷分印成33页，共达532行之多。王尧、陈践两位先生在由藏文翻译为汉文时，按问答将其分为79问，并定名为《礼仪问答写卷《（简称《写卷》）。该卷以兄弟对话形式来论述了当时普通人日常待人接物、应对进退应该具有的态度，包括在处理君臣、父子、师生、主奴乃至夫妻之间关系的伦理原则。王、陈二位先生认为，这是8—9世纪的文献，几乎看不到宗教的影子①。班班多杰先生则认为《写卷》的成书年代甚至可提前至公元6—7世纪②。从《写卷》中所用词汇，如上师等，笔者认为，王陈二位所言较妥。因此，本文认为

① 王尧，陈践．敦煌吐蕃文书论文集［C］．成都：四川民族出版社，1988.

② 班班多杰．藏族传统宗教、哲学与伦理［J］．法音，1996（12）：16－23.

《写卷》写成于8—9世纪，而且很有可能写成于9世纪。其实，《写卷》和其他敦煌藏卷一样，都是对以前历史文化的记载，所载时间不限于一个时间，而是前期几个时期的历史文化思想的记载。《写卷》基本上记载了吐蕃时期藏族道德原则、道德规范等的伦理思想。尽管当时佛教已传入吐蕃地区，但从内容上看，写卷中出现的佛教词汇不多，佛教伦理思想对其思想影响不是很大。下面就以《礼仪问答写卷》为研究对象，着重分析其所蕴含的伦理思想。

一、政治伦理

任何时代，政治都是深深地影响着人们的生活。古代吐蕃人在长期社会生活中，也形成了自己的政治智慧，提出了一些政治行为的道德原则和规范。他们深刻认识到公正的重要性，将它列为十大道德规范之首，看作事业成功的先决条件，并用于处理人伦道德关系的各个方面。首先特别提倡统治者在维护社稷、治理朝政、管理国家方面应该行公正之法。《礼仪问答写卷》第五问就如何能无误而事成而指出：王之国法均等，则谓公正；若虽非出于正法，但真实与虚假，是与非，二者有别，则枝节即可无误而事成。若为长官，应如虚空普罩天下，应如称戥一样公平。则无人不喜，无人不钦，此乃是也。又指出：无论何时，若想富裕而有权，要抓住政权之柄。所谓政权之柄是公正，知廉耻而知足。（见《礼仪问答写卷》第七十三问）

当然，此时吐蕃时期的社会公正是有时代特点的公正，《礼仪问答写卷》所说的公正不过是各司其职、各尽其用。役使要恰如其分，在主奴之间、官仆之间、老壮之间行公正之法。认为做到这一点，也就达到了平等。《写卷》所倡导的平等并不是完全意义上的平等，也没有突破阶级的局限，只不过是从道德舆论和道德说教上为统治阶级服务罢了。

二、经济伦理

吐蕃时期人们早就认识到经济生活在普通人群伦理中的作用。《礼仪问答写卷》采取积极态度，提出了致富的五种办法，如第六十七问中就说：一是立即公开地给别人面子（别人就会帮助自己）；二是公开地发展牲畜；三是公开地去当臣仆；四是公开地做买卖；五是公开地种地。认为通过这几种途径可以有效增加物质财富，满足家庭生活的基本需要，逐渐改善生活条件。《礼仪问答写卷》中把公开地做买卖作为发财致富的五种途径之一，说明在藏族传统思想中是鼓励人们经商的，并把经商做买卖作为发展经济的一种手段。

三、日常生活伦理

伦理思想来源于普通大众的日常生活，着重从平常的生活实践中建立起伦理准则。《礼仪问答写卷》不过分强调高深的理论，而是从待人接物的生活琐事入手，从中可以看出当时普通民众的伦理品格。如人际关系和谐的重要表征之一就是交友。《礼仪问答写卷》的第四十八问专门阐述了交友的道理：任何时候，无论多么和睦，若属歪门邪道气味相投，虽为好友，到后来不可能不发生怨仇。即强调交友的原则性，认为在择友标准上朋友间不仅要声气相求，讲求志同道合和奉公守法，认为只有这样益友，而那种歪门邪道的臭味墙头的朋友不可能长久。交什么样的朋友，怎样交朋友，不仅反映着一个人的人生态度和道德品格，还关系着他的生活幸福、德性修养和事业成功。《写卷》指出：无论何时，结交朋友要有分寸。有些人，开始即不和睦，后来不能不起冲突，对这种人以不交为宜，但不要对人去讲。一旦成为知友，无论何时，勿忘而牢记于心。《礼仪问答写卷》一再强调，一旦确定为真正的朋友，就要贞信不渝，患难相依。朋友还应该相互理解，彼此宽容。《礼仪问答写卷》还要求人们对待朋友要大度、宽容，不计较他人过失，甚至要以德报怨。另外，《礼仪问答写卷》第十九问不仅谈到商议对事业成功所起的决定作用，还就商议的方法作了详细阐述：开始计议，荦荦大端，须和众人商议。所有议事，一开始即应细致，斟酌，以期达到预定目的，后则不再更动。一切商讨、想法，心境宽松，思想开朗，方可达到目的。事事皆疑，心存报复，虽有微念，也须改之，否则能误大事。磋商时，先自问自答：能完成乎？抑或不能？事业，与友同心，不能损人，无虑指责。

四、家庭伦理

从古至今，中国人都是非常重视家庭生活的，不仅儒家重视血亲关系，吐蕃时期藏民族亦然。《礼仪问答写卷》第三十二问比较集中地阐述了这个道理：儿辈能使父母、师长不感遗憾抱恨，即为最上之孝敬。父母养育儿子，儿子敬爱父母之情应如珍爱自己的眼睛。父母年老，定要保护、报恩。养育之恩，应尽力报答为是。例如禽兽中之豺狗、大雕亦报父母之恩，何况人之子乎？虽不致如愚劣之辈不能利他，也应听父母之言，不违其心愿，善为服侍为是。父母在世时，子辈可当面议明为好（如财产方面），而且勿去操家务之权。不孝敬父母、上师，即如同畜生，徒有人名而已！《写卷》宣扬的孝是建立在平等基础之上的，在孝的实践上也不仅仅是由下而上侍奉和顺服，更重视父子两人真诚相待为是，相互谦让：作为子女，首先应该孝敬父母，但对父母说的话要做具体分析。对的话要听，不对的话就不能听。总之，父母与子女之间真诚相待、互相谦让，要爱父母，但更应该爱真理。《礼仪问答写卷》的家庭伦理观在强调子女对父母孝养的义务的同时，还强调了父母对子女的责任和义务。认为父母不仅应在子女长大后适时地将家产交与子女继承和经营，更重要的是教会子女做人的道理。如第五十二问：将正直无误之正道作为财富交给他们是最大馈赠，生命和政事皆聚其中矣。第六十六问：无论何时，留下智慧、公正为上，英勇、巧法为上中之下者；留下坚定、讲义气为中者，注重留下财物和衣著者为下。作为父母，首先要教会子女做人，其次要教会做事。这些话语即使是在今天也不无启迪之功。

夫妻关系是家庭各种关系中最基本的关系之一，夫妻和睦是家庭幸福和美满的根本保证。在古代藏族社会，妇女虽然受到轻视，但依然保有被尊重的权利。《写卷》第五十八问有：妻子若无不妥之处，是好话，立即将其所言之正确部分与其他分开来。第六十三问有：妻子无论表现怎样媚态，若是美好妩媚，应该相爱，别人不会耻笑。她无过错，顾虑别人讥笑而抛弃她，这怎么能行？由此可见，藏族男女夫妻之间有着较为民主的权利，妻子说的对的话就要听。并且不能因为其他人的言语就随随便便抛弃妻子。

《礼仪问答写卷》所反映的家庭伦理处处体现出一种平等民主的观念，较之汉族儒家家庭伦理无疑具有很大的进步性。更难能可贵的是这种平等不仅体现在父子、夫妻、兄弟的关系中，在处理婆媳关系上，也兼顾到双方的权利和义务，如第六十一问：成亲后，公婆对媳妇勿当面呵斥、指责，一般以解释、讲叙为是。媳妇也应将公婆作父母看待，相争、乱说均不妥。应尊敬而有（等级）长幼，善为侍奉为是。如此行之，口角怎会产生？任何人，年轻时为媳，年老时为婆。人生要经历两个阶段，要看到自己也会衰老为是。

可以看出，吐蕃时期藏族的家庭伦理观念在深化人类对家庭生活、家庭关系的认识，协调家庭关系，促进家庭和睦，培养人的道德品质，造就良好的社会风气方面起过积极的作用。这些观念已经渗透进藏民族的精神之中，形成藏族优良的家庭生活传统。

五、善恶观

善与恶是伦理学的基本问题。善是一切符合道德目的、道德终极标准的伦理行为；恶是一切违背道德目的、道德终极标准的伦理行为。道德观最集中地体现为善恶观，道德生活是为善去恶的认识和实践的过程。道德评价，也就是善恶评价。《礼仪问答写卷》作为藏族传统伦理思想的典型代表，也构造了一种劝善戒恶的行为规范体系。该卷的第十六问明确提出了十大道德规范与九大非道德规范：兄云：做人之道为公正、孝敬、和蔼、温顺、怜悯、不怒、报恩、知耻、谨慎而勤奋。虽不聪慧机智，如有这些，一切人皆能中意，亲属亦安泰。非做人之道是偏袒、暴戾、轻浮、无耻、忘恩、无同情心、易怒、骄傲、懒惰。身上若有这些毛病，一切人皆不会中意。

善与恶包罗了人类全部伦理行为，是一切伦理行为的道德总原则，因而也就是最普遍、最一般、最抽象、最简单、最笼统的道德原则。善恶观贯穿于各种具体的伦理思想中。《礼仪问答写卷》还倡导做任何事情，都应该勤勤恳恳、努力不懈。第七十四问提到：务必对一切好事，没有一样不勤奋。对于道德评价中一切好的事情，都应该勤奋刻苦去做，孜孜不倦追求，并通过艰苦努力去获得。尤其在对待知识的问题上，《写卷》更强调了一种勤奋学习的态度，如第五十三问：爱护儿子、青年，为增添智慧令其学文习算；为增添勇气令其射击学武。应劝其学习为是。只要对长远有利，虽困难也要修学。对长远有损，虽合意也应抛弃。对目前更何须说。

凡此种种，我们可以看到中世纪的吐蕃时期的深厚的道德伦理观，《写卷》中所阐述的善恶观，与宗教道德的利他思想、忍耐思想、仁慈思想、无贪思想等，也有相吻合之处。

六、因果报应观

《礼仪问答写卷》是一个吐蕃伦理思想的写卷，其中就既有早期吐蕃思想文化的因子，也有写卷时期的吐蕃时期的思想，总体来说在早佛教尚未大兴于民间的时期，吐蕃早期的因果报应思想就早已有之。《礼仪问答写卷》第十三问有：无论何时，行恶得善者百中得一，行善得善者，比比皆然。就如汉地思想中的报应论思想，也在佛教传入前及传入后，存在于人们的观念中，都是讲生与死分为两个世界，并认为生前的善良和罪恶肯定会在死后导向善和恶的两种境地。古代藏族还认为报应是由天或鬼神来主宰和支配的。

从《写卷》中我们可以深刻感受到，藏族古代传统伦理是伦理文化的普遍性和民族性的有机统一，藏族传统伦理也体现着中华民族道德的共同性，如尊敬师长、孝敬父母、奉善戒恶等等内容，是与其他民族共通的文化。另一方面，藏民族所特有的地理环境和政治、经济和文化背景，又造就了藏族伦理的本民族特质，如鼓励经商、追求平等等文化因素，这些对于我们理解吐蕃古老文化非常有益。

后　记

这是我多年研究论文的一个选集，其中有我早年的对李杜王维等唐代诗人诗作的研究，也有对唐传奇唐人小说的个案分析。而近期文章有我对唐代碑志唐文化的研究，以及我多年来对吐蕃文史的解读。

书籍的出版，首先要感谢的是我的导师王志武教授，是他把我引进了学术的殿堂！至今还记得上研究生时每周五下午到他家上课的情景，我拿着做好的读书笔记在他那个现在真的应该叫作昏暗的书房里和他交流我读书的收获和疑问……王老师每次都仔细地批改我的作业，用红圆珠笔修改我的文章！后面到上海去学习，我对王老师教给我的认真学习精神有了更深的理解！现在我也带学生了，从学校 2004 年开始带第一届研究生，我都已经带了整整十届学生了，但对照王老师，我真的做得很不够，以后要继续好好学习！

书籍的出版，离不开我的学生杨晓娜、郝彩艳等！她们帮我查资料、核对原文、校对差误，谢谢你们！还要感谢出版社张金良先生，他的热情帮助和一再催促，也是本书出版的一个重要原因。学校的领导和同仁，在平日工作中，对我的理解和支持，使我平日在行政工作之余，还能有时间思考悠游于唐代文史的田园中，特别是学校2016年派我到英国学习，使我有机会领略剑桥、牛津等西方大学，徜徉于剑河边，查阅西方汉学资料，真的非常感谢！

我始终认为学术研究是一件平静愉悦的事情，需要长期浸染其中并乐此不疲。我自己喜欢多方面涉猎，唐人文史材料我都喜欢读读，唐人别集、敦煌材料、中西交通、唐人碑志、吐蕃材料、西域研究、佛教道教典籍等等，但凡感觉有趣的材料，都喜欢去看看。在女儿紧张高考的时候，我在旁边陪着她一起学习。现在，她要去北京学习了，我的书也要出版了。真的感觉过去的辛苦都是值得的，幸福的！

感谢过往，虽然我的文章的很多观点也许还很不成熟，但都是自己思考的结晶，希望自己以后能写出更满意的文章，回报长期厚爱我的那么多的师友！

袁书会

2019年8月